Abdominais

com

Bola

Colleen Craig

Abdominais com Bola

Uma abordagem de Pilates para fortalecer os músculos abdominais

2ª edição

Phorte EDITORA

Sumário

1

Por que outro livro sobre condicionamento dos músculos abdominais?

Todos nós entendemos por que são necessárias algumas instruções quando estamos aprendendo a dirigir um carro, a operar um computador ou a falar uma nova língua. O mesmo pode ser aplicado no condicionamento dos músculos abdominais, embora utilizemos nosso corpo todos os dias e sem "manual de instrução". Se queremos fortalecer nossos músculos abdominais de forma eficaz e receber os benefícios de uma coluna lombar firme e de uma postura ótima, devemos ensinar desde nossos músculos do abdome profundo até os superficiais. Este livro fornecerá a informação que necessita: independentemente de seu nível de aptidão motora, você construirá abdominais fortes e uma coluna saudável.

Alguns dos princípios introduzidos aqui podem ser novos para você. Caso seja um atleta, um praticante esporádico ou um novato em sua primeira sessão de exercícios, é importante que inicie devagar e cuidadosamente com os "Exercícios Fundamentais" no início de cada capítulo. Mas antes de começarmos, pergunto: por que outro livro sobre condicionamento dos músculos abdominais? O que há de errado com as técnicas que aprendemos no passado? E o que há de tão especial nos exercícios com bola?

Os problemas com o tradicional "condicionamento dos músculos abdominais"

Toda vez que vou para a academia, para uma aula de ginástica, ou observar os treinos dos atletas, vejo exemplos de técnicas mal construídas, má postura e falta de padrão nos movimentos, mas nada é tão mal realizado quanto o condicionamento dos músculos abdominais. As pessoas fazem milhares de abdominais e rotacionam a coluna com o objetivo de criar um perfeito "tanquinho", ou esculpir uma cinturinha fina, mas, sem perceber, podem estar gastando tempo e energia – além de, também, estar prejudicando a coluna lombar.

A ligação entre dores na coluna e um abdome fraco está finalmente sendo reconhecida, e a maioria das pessoas que pratica exercícios devota, agora, um pouco de seu tempo para o condicionamento dos músculos abdominais. Alguns chegam até a marcar seus recordes em abdominais no colchonete ou nas máquinas. Por que então tanto desapontamento com os resultados? Por que as dores lombares e o desconforto são tão comuns após os exercícios abdominais?

Imagine a coluna como um mastro segmentado. Os longos músculos superficiais do tronco são similares à pessoa que balança o mastro. Esses músculos grandes, superficiais, fornecem maiores distâncias do que os músculos profundos e permitem uma amplitude de movimento maior, tal como flexionar o tronco. Os músculos menores da coluna, mais profundos, sustentam a ligação entre cada segmento espinal. Esses músculos estabilizadores, também chamados internos, são os profundos do abdome e da coluna lombar, que fornecem estabilidade para a coluna. Se eles não funcionam efetivamente, o mastro torna-se instável. E o mais importante de tudo: se esses músculos não tiverem resistência para sustentar a coluna, outros músculos poderão ser recrutados para isso, exercendo funções para as quais não estão designados.

Métodos mais antigos para o condicionamento abdominal tendem a treinar o corpo para uma direção fixa ou padrão. Tais movimentos, porém, não são muito funcionais: em movimentos diários, nosso tronco flexiona para a frente, estende, rotaciona e flexiona para os lados; nossos membros fazem rotação lateral e medial. Exercícios tradicionais fortalecem principalmente a camada superficial do corpo – os retos abdominais, um músculo superficial que corre verticalmente ao abdome. O papel do reto é flexionar o tronco, porém esse músculo não apóia diretamente a coluna ao levantar ou sentar – tampouco ajuda diretamente na cura ou na prevenção de dores na coluna lombar.

Outro assunto que causa confusão no abdominal tradicional envolve os flexores de quadril conhecidos como iliopsoas, um longo e forte músculo, que se insere nas vértebras, cruza à frente da pelve e insere-se novamente no trocanter menor do fêmur. Esse músculo bastante profundo não é normalmente considerado um estabilizador, pois sua função é estabelecer uma cadeia cinética do centro para as extremidades, e não da região central para a região central. É um músculo bastante forte e pode ajudar os abdominais nos exercícios tradicionais de condicionamento. Considere os abdominais uma máquina que sustenta a massa corporal e permite o movimento livre das pernas. Conforme você levanta os joelhos para realizar um exercício, a queimação sentida ocorre nos flexores do quadril (incluindo os quadríceps) e no músculo reto abdominal superficial, não nos profundos abdominais. O mesmo ocorre com os abdominais comuns, em que a quantidade e a velocidade de cada exercício ainda são, infelizmente, utilizadas como medida de aptidão motora em muitos esportes. Alguns treinadores acreditam que, ao flexionar os joelhos ou manter os calcanhares no colchonete durante os abdominais, irão anular o iliopsoas, mas o Ph.D. Stuart McGill, perito na estabilização de problemas da coluna lombar, provou que isso é infundado. Constatou que os abdominais feitos com os joelhos estendidos e calcanhares no colchonete envolvem consideravelmente a ativação do iliopsoas e impõem uma compressão considerável da coluna. McGill recomenda o curvar do tronco ou fazer abdominais curtos. O curvar do tronco é um movimento bem menor, mantém a pélvis estável e a curva natural da coluna lombar, sendo flexionado apenas o tronco. McGill também é a favor dos exercícios de prancha ou ponte lateral em vez dos tradicionais exercícios de rotação do tronco para os abdominais oblíquos. Aprenderemos variações da prancha lateral mais adiante.

O ponto principal dessas informações é: por que fixar os pés sob as mãos do treinador e subir rápido durante o abdominal tornam mais fortes os flexores do quadril e não os abdominais profundos? Muitas repetições com velocidade rápida podem comprimir a coluna lombar e provocar muitas dores. Flexores do quadril fortes, porém curtos, podem flexionar a coluna lombar. Exercícios de abdominais rápidos também podem distender os músculos do pescoço e arquear os ombros, causando dores na região.

Aprendendo com as pesquisas anteriores

Peritos no campo de reabilitação acreditaram por um tempo que um abdome forte protege a coluna, mas, hoje, eles já não tem tanta certeza sobre o funcionamento desse processo. Em seu livro *Spinal Stabilization: The New Science of Back Pain*, Rick Jemmett mostra o papel crucial do músculo abdominal profundo na coluna. O transverso do abdome fixa a fáscia diretamente na coluna e é capaz de "estabilizar cada vértebra da coluna lombar, prevenindo o excesso de deslocamento e a instabilidade". Jemmett revisou as recentes pesquisas realizadas no Canadá, Estados Unidos, Japão e Austrália e concluiu que cada músculo da coluna tem diferentes funções.

A camada mais profunda consiste em pequenos músculos e ligamentos que estabilizam a coluna e agem como proprioceptores ("sensores de posição"), fornecendo ao cérebro informações importantes sobre as posições das articulações das vértebras. A camada central é a estabilizadora – músculos profundos do abdome (transversos do abdome, oblíquo interno) e coluna (multifídos, quadrado do lombo). A função desses músculos é estabilizar a coluna lombar e torácica, mantendo-a sem dores. Finalmente, a camada exterior, ou superficial, consiste em grandes músculos (reto abdominal, eretor espinal e oblíquo externo) que possibilitam movimentos poderosos, tais como flexionar e estender o tronco. Os movimentos das camadas superficiais também podem ser realizados seguramente, uma vez que os estabilizadores fornecem uma base forte.

Os exercícios abdominais convencionais que fortalecem o tronco enfatizam bastante os músculos grandes, deixando, segundo Jemmett, os atletas e pacientes fisicamente despreparados para o trabalho ou atividades esportivos".

Uma equipe de pesquisa da Universidade de Queensland, na Austrália, tem dado muita atenção para a afirmação de que a capacidade pessoal de colocar e manter a conexão dos músculos abdominais pode resultar em uma notável redução das dores na coluna lombar. Os pesquisadores Carolyn Richardson, Gwendolen Jull, Paul Hodges e Julies Hide concluíram que, se a parede abdominal se expande durante um movimento, é provável que os tranversos abdominais parem de funcionar e percam sua "contração de espartilho", aumentando a estabilidade na pélvis e a firmeza da coluna

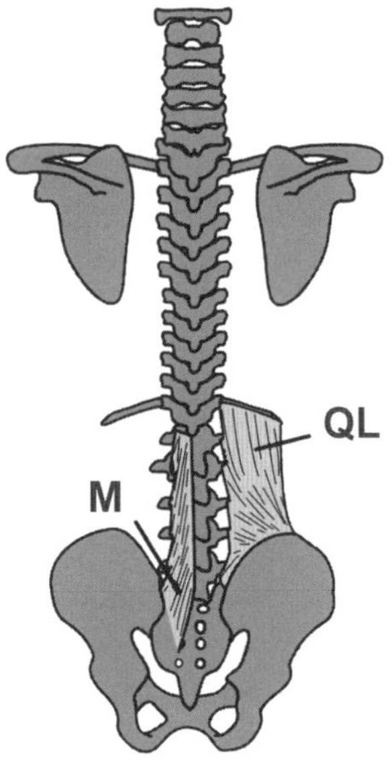

Músculos profundos do tronco

O Ph.D. Stuart McGill e seus associados acreditam que todos os músculos do tronco tem um papel na estabilização, mas o multífidos e o quadrado do lombo vêm sendo identificados como estabilizadores-chave do tronco.

Um dos mais profundos extensores do tronco, os músculos multífidos, consistem em pequenos feixes que passam de uma vértebra para outra. Os multífidos ajudam na contração dos músculos transversos abdominais e vice-versa. O quadrado do lombo fixa cada vértebra do tronco às costelas e a extremidade superior do tronco à pelve. Quando contraídos, esses músculos causam inclinação lateral da coluna lombar e do tronco.

lombar, protegendo-a caso haja segmentos lesionados do tronco. A firmeza da coluna lombar durante o exercício não significa falta de flexibilidade nas articulações, e sim que a coluna tem um potencial para um movimento completo quando está corretamente alinhada.

Stuart McGill enfatiza a construção da resistência muscular como a melhor maneira de estabilizar a coluna lombar. Para construir resistência nos estabilizadores, ele sugere adicionar contrações isométricas (mantendo uma contração, sem movimentar o corpo) enquanto se trabalha com os músculos abdominais ativados, ou fixos, e a coluna neutra (posição que mantém a curva natural na coluna, sem estendê-la ou flexioná-la exageradamente). Trabalhando com pacientes em reabilitação ou com atletas de elevado desempenho, McGill salienta a "liberação da coluna" e a cultivação contínua da saúde motora e dos movimentos padrões.

Essa nova pesquisa é importante tanto para treinadores quanto para estudantes, mesmo havendo muitas diferenças entre o mundo da reabilitação e o mundo do *fitness*. Um entendimento claro de como funciona nossa coluna lombar e os nossos músculos abdominais é crucial para desenvolver ou participar de programas de exercício. Como essa informação se espalhou pelo mundo do *fitness*, cada vez mais treinadores e instrutores estão ensinando as técnicas de "fixar" ou "preparar" os abdominais, "movimentar desde o centro (profundidade) do tronco". Entretanto, estudantes e treinadores devem estar certos de que objetivam os músculos corretos. Como pessoas ou atletas podem distinguir um músculo profundo de um superficial? O que irão sentir quando ocorrer a conexão correta? E uma vez que um músculo profundo é localizado e treinado, como pode se integrar a um padrão de movimento saudável?

O centro de força Pilates

Durante a Primeira Guerra Mundial, o alemão Joseph H. Pilates (1880-1967) projetou uma série de exercícios para ajudar as pessoas a superarem lesões e problemas posturais. O fundador do mais novo Método de Pilates de condicionamento corporal não teve acesso às pesquisas que temos hoje, porém sua teoria de movimento estava bem adiantada para a época. Joseph Pilates considerou a área abdominal em conjunto com os músculos profundos da coluna, bem como o centro de força do corpo, "casa de força", que é a área entre as costelas superiores e a pélvis (a região que conecta o abdome com a coluna lombar e os glúteos). Para Pilates, que estudou ioga e meditação Zen, bem como disciplinas de exercícios orientais, seu cinto circular de apoio dos músculos abdominais e da coluna era um centro espiritual e mental, físico e gravitacional.

Um dos princípios fundamentais do aclamado Método de Pilates é que a "casa de força" é o centro de todo movimento: quanto mais forte a casa de força, mais poderoso e eficiente é o movimento. Portanto, antes de cada exercício de Pilates, um centro é recrutado, empurrando delicadamente o umbigo e contraindo os músculos profundos do abdome (veja a barra lateral "Os músculos da região central - estabilizadores" na página 08). O objetivo é manter o centro corporal estável enquanto os movimentos de braços e pernas são executados com precisão. Isso é importante, entretanto, para distinguir entre os movimentos diários e movimentos conscientes da "casa de força". Não desejamos uma contração crônica do abdome em um movimento básico do cotidiano se isso interfere nos movimentos de abaixar e levantar do diafragma. O encaixamento dos músculos da região central deve ocorrer apenas em um regime de exercícios ou de aptidão motora, ou antes de levantamentos de carga, e não como parte do cotidiano.

Os três músculos abdominais (o reto abdominal, os oblíquos externos e internos e o transverso abdominal) trabalham com os músculos da coluna (os mais importantes são os multífidos e o quadrado do lombo) para formar o centro de força. Os praticantes de Pilates incluem também o assoalho pélvico na "casa de força" pela forma que esse arranjo de músculos e ligamentos conecta-se ao sistema nervoso central dos músculos profundos abdominais.

Localizado na parte de baixo da pélvis, o assoalho pélvico consiste de músculos utilizados para controlar o fluxo de urina e de impurezas sólidas do corpo. Fortalecer os músculos do assoalho pélvico é importante tanto para homens quanto para mulheres e será discutido mais adiante em "Fundamentos dos abdominais com bola".

Muitos do mundo da reabilitação e do *fitness* acreditam que o fortalecimento desde o centro de força, ou da região central, é a forma mais eficaz e segura de exercitar o corpo. Temos observado vários resultados favoráveis quando se trabalha com essa ferramenta principal. Foi por isso que escolhi a abordagem de Pilates, mesmo que alguns exercícios apresentados aqui não se originem de Pilates. O Método Pilates é apoiado pelas mais recentes pesquisas em reabilitação e condicionamento físico, sendo altamente recomendado por médicos, terapeutas físicos e outros praticantes por todo o mundo.

A bola como uma parceira ideal

Utilizar a abordagem de Pilates é o que torna *Abdominais com Bola* tão especial e único. O outro elemento é a utilização de uma bola para intensificar os exercícios.

O segredo do sucesso da bola é o seu aspecto mais proeminente: a forma esférica. Diferentemente de qualquer outro colchonete ou máquina, a bola tem uma superfície móvel. A instabilidade da bola faz os músculos inativos trabalharem, recrutando tanto as fibras musculares profundas quanto as superficiais. Paul Check, especialista do exercício e de cuidados com a coluna, internacionalmente conhecido, explica como a instabilidade da bola treina a velocidade de reação do corpo a ponto de o organismo ativar os músculos estabilizadores "por absoluta necessidade". Stuart McGill descobriu que um abdominal curto realizado na bola com os pés no chão virtualmente dobra a ativação dos músculos abdominais em relação ao abdominal curto realizado em uma superfície plana. O esforço do trabalho feito em uma superfície móvel cria uma demanda muito maior no

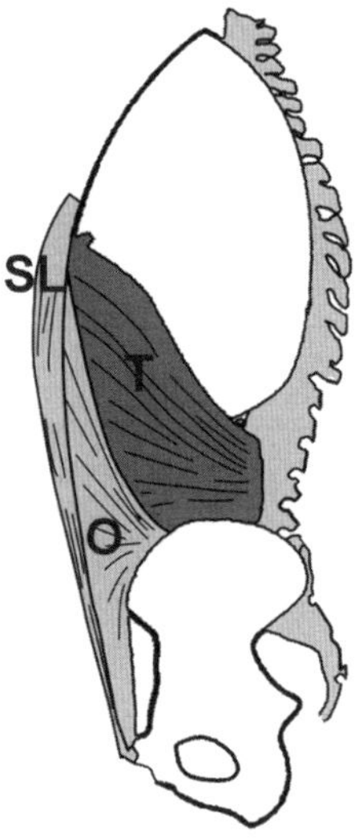

Os músculos abdominais

O transverso do abdome é o mais profundo dos quatro músculos abdominais. Está localizado horizontalmente ao redor da cintura e estabiliza a coluna lombar, estreitando a parede abdominal. Esse músculo já atraiu muita atenção, em razão de sua associação com dores na coluna lombar.

Há também os oblíquos interno e externo. Esses são os cinturões naturais do corpo, responsáveis pela inclinação e rotação da coluna.

Finalmente, o superficial longo, músculo reto abdominal, que vai do osso púbico até o final do externo e cartilagens das costelas flutuantes, é responsável pela flexão do tronco e por manter o abdome estendido.

sistema motor. Um exercício com a bola requer foco completo, mesmo quando trabalha a região central dos abdominais, e treina os músculos profundos do tronco, quadril, pernas e braços.

Utilizar a amplitude completa do movimento é uma forma bem mais equilibrada e comum de trabalhar os abdominais. Ao se exercitar em uma superfície redonda, irá focar o fortalecimento dos abdominais, não apenas encurtando-os ao praticar as séries de diferentes abdominais. Você sentirá que as contrações com alongamento (excêntrica) e com encurtamento (concêntrica) são tão importantes quanto os abdominais. Na realidade, a contração excêntrica de alongamento, em que se utiliza os músculos como um freio conforme o corpo é alongado cuidadosamente para trás na posição inicial, na bola ou no colchonete, é mais trabalhosa para os músculos. Em alguns casos, o corpo fica sem movimentos, aumentando a tensão nos músculos sem modificar seu tamanho. Isso é chamado de contração isométrica, e desenvolve a resistência dos músculos.

A bola exigirá que os exercícios sejam praticados de forma mais lenta, fornecendo tempo para contrair os músculos corretos enquanto você presta atenção em como os exercícios são realizados. Em alguns exercícios, utilizaremos uma bola ultramacia, com cerca de 23cm, chamada *Overball*. Essa pequena bola é extremamente útil para manter os membros inferiores em perfeito alinhamento. Um simples agachamento nessa bola contrai a parte medial da coxa e ajuda a maioria das pessoas a localizar os músculos do assoalho pélvico da área abdominal. A bola é firme o suficiente para adicionar resistência, e também macia o bastante para responder às variações de peso. Utilizaremos também essa bola para levantar os quadris do colchonete, apoiar a coluna lombar na postura correta e eliminar a pressão do pescoço conforme são tonificados os abdominais, glúteos e coxas.

Pequena ou grande, a bola manterá seus músculos abdominais alinhados. Ajudará a equilibrar seu treinamento, alternando os abdominais superiores e inferiores e condicionará os oblíquos e o quadrado do lombo, os músculos transversais que dão forma à cintura, permitindo que a coluna faça rotação e flexão lateral. Trabalhará também de bruços, com o objetivo de treinar os músculos profundos e, na lateral, trabalhar os músculos que flexionam e rotacionam. Deve-se sentir prazer, e não dor, nessa variedade de exercícios não muito comum, e desenvolver músculos abdominais perfeitos e a saúde da coluna. Mas, antes de iniciar, estude os fundamentos e releia-os sempre para que possa entender os exercícios e realizá-los de forma segura e eficaz.

2

Fundamentos dos abdominais com bola

Os Exercícios Fundamentais, no início de cada capítulo, foram desenvolvidos para colocar em prática os conceitos discutidos a seguir. Como mencionado anteriormente, para a maioria das pessoas, mesmo praticantes eventuais, é necessário primeiramente isolar e treinar os músculos profundos do tronco e do abdome antes de iniciar os exercícios mais difíceis. Para colocar isso em prática, utilizamos movimentos pequenos que reprogramam o corpo de forma segura e eficaz. Essa é a base dos exercícios fundamentais. A nova consciência e força interior desenvolvidas por esses exercícios são, então, integradas aos exercícios básicos, intermediários e avançados com a bola. Não deixe de ler esses conceitos-chave e praticar os exercícios fundamentais.

A respiração: um ponto crucial de iniciação

Nós inspiramos pelo nariz e expiramos pela boca. Na expiração, certifique-se que o abdome está suavemente afundado e que os abdominais estão contraídos.

Estamos tentando guiar a respiração não para os músculos abdominais nem para o tórax, mas para a parte de trás da caixa torácica (respiração profunda). Os estudantes geralmente perguntam por que não respiramos com o abdome. Na vida diária, não desejamos uma contração crônica dos abdominais. Entretanto, quando iniciamos o movimento do centro do abdominal ou na região central de sustentação, chamado de "casa de força", temos que nos certificar de que os músculos centrais estão contraídos para proteger a coluna lombar. A respiração que estamos praticando aqui é a respiração abdominal, ou respiração diafragmática. O diafragma é um músculo respiratório em forma de cúpula que ajuda na estabilidade da coluna. Na inspiração, o abdome pode suavemente se levantar. No entanto, na expiração certifique-se de que o umbigo está para dentro, onde o transverso do abdome e os oblíquos possam se fixar ao redor da coluna. A respiração para fora deve ser relaxada e completa, auxiliando a conexão com o abdome.

Há uma respiração padrão que acompanha cada exercício neste livro. Esses padrões são flexíveis e podem ser alterados para suprir a necessidade de cada um. Uma regra geral para se preparar é: inspirar, perceber o corpo para verificar o alinhamento, e expirar durante o exercício. Acima de tudo, nunca force ou segure a respiração.

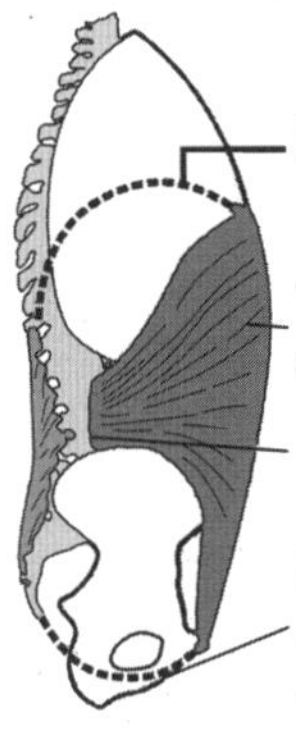

Os músculos da região central – estabilizadores

Os músculos estabilizadores, ou da região central do tronco, fornecem sustentação para a pélvis e para a coluna lombar, aumentando a rigidez desta e protegendo segmentos lesionados da coluna, caso existam. As autoridades australianas na estabilização da coluna descrevem esse músculo como um cilindro tridimensional.

Na frente e aos lados do cilindro está o profundo transverso do abdome; na parede do tronco estão os multífidos. A base do cilindro é construída pelos músculos do assoalho pélvico e o topo, pelo diafragma, um músculo respiratório com forma de cúpula. A estabilidade da coluna lombar depende dos músculos profundos centrais serem fortes e trabalharem juntos para transformar o abdome e a coluna em um cilindro rígido.

O ponto-chave: transverso do abdome

Posicione os três maiores dedos das mãos a meio centímetro dos ossos do quadris, pressione profundamente, e tussa. O músculo que você sentir é o transverso do abdome. Com a contração correta, sentirá a tensão nas pontas dos dedos conforme as paredes abdominais se estreitam.

O transverso do abdome é o músculo abdominal mais profundo e mais importante. Permanece horizontalmente ao redor da cintura como um colete e estabiliza a coluna lombar, estreitando a parede abdominal. Agora que você localizou o músculo, coloque seus dedos de tempo em tempo sobre ele, conforme realiza os exercícios, para certificar-se de que ele está trabalhando. É um músculo profundo: você necessita apertar profundamente até senti-lo. Lembre-se que a parede abdominal se estreita quando o transverso do abdome se encaixa apropriadamente. Se a ponta de seus dedos está sendo empurrada para fora, ou se o seu abdominal está sendo protraído, é porque você perdeu a conexão profunda.

Os Exercícios Fundamentais, no início de cada capítulo, ajudam a isolar e treinar o músculo transverso do abdome. Procure sempre voltar para esses exercícios fundamentais e confira novamente, a intervalos regulares, se você está contraindo corretamente. Caso ainda esteja com dificuldades em encontrar o transverso, poderá recorrer a um fisioterapeuta ou um instrutor de Pilates com prática, treinado em reabilitação, para ajudá-lo a identificar esse músculo pela primeira vez. Não se esqueça de utilizar a respiração para auxiliá-lo. Uma vez conseguido localizar o músculo alvo, sempre que possível tente manter uma contração profunda antes de adicionar movimentos de braços e pernas.

Direcionando a região infra-abdominal à coluna

Utilize o umbigo como ponto de referência para, suavemente, direcionar o abdome à coluna. Pense em estreitar a cintura, não apenas deixá-la estendida. Direcionar a região do umbigo à coluna a protege e diminui o volume do abdome, ativando os músculos abdominais profundos.

Músculos do assoalho pélvico

"Puxe e afunde", escreveu Lynne Robinson, o famoso autor de Pilates. "Imagine que você está puxando os músculos do osso púbico para o umbigo, como se tivesse usando uma calça jeans bem apertada". Suas palavras-chave aqui são do osso púbico até o umbigo. Não apenas leve o abdome até o intestino, pois para a maioria das pessoas isso significa afundar a caixa torácica e os abdominais superiores. Pense em delinear suavemente a região infra-abdominal, entre o umbigo e o osso púbico. Estreite a cintura em vez de apenas deixá-la estendida. Lembre-se: é a respiração (a expiração), que o ajudará a ativar os abdominais profundos.

O assoalho pélvico: o "elevador" no final da "casa de força"

Contrair o assoalho pélvico é a forma correta para homens e mulheres ativarem os abdominais profundos, pois há uma conexão neurológica entre o assoalho pélvico e o transverso do abdome.

Localizados no final da pélvis, os músculos do assoalho pélvico estão contraídos para controlar o fluxo de urina e outras substâncias do corpo. Esse conjunto de músculos e ligamentos conecta o cóccix e o osso ísquio ao osso púbico, fixando os órgãos internos da pélvis. Esses músculos conectam desde o sistema nervoso até os abdominais profundos. As contrações do assoalho pélvico são conhecidas como exercícios Kegel, indicados no pré e no pós-natal para tonificar o assoalho pélvico. Fortalecer o assoalho pélvico ajuda o homem e a mulher a encontrar a profunda conexão abdominal.

Imagine um elevador subindo e criando um suporte para todo abdome. Utilizaremos a bola grande e a pequena para aprender a fortalecer o elevador do assoalho pélvico e encaixar os profundos músculos da caixa de força.

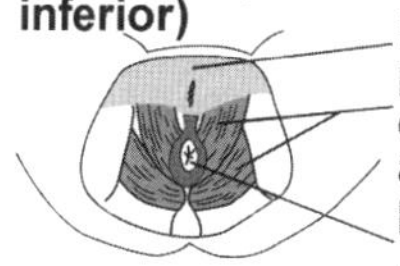

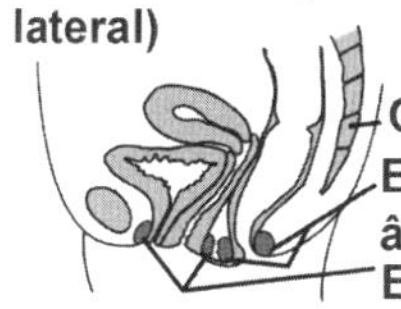

Os músculos do assoalho pélvico

Localizado na parte de baixo da pélvis, o assoalho pélvico é um suporte dos músculos e ligamentos que suspendem o cóccix e o osso ísquio até o osso púbico, fixando os órgãos internos dentro da pélvis. Esses músculos conectam desde o sistema nervoso até o abdominal profundo.

Fortalecer o assoalho pélvico ajuda as pessoas a encontrarem a conexão com os abdominais profundos.

Pélvis neutra

Pélvis neutra é uma postura que mantém a concavidade natural na coluna lombar e coloca a pélvis na posição mais segura e sem estresse.

Em decúbito dorsal, no colchonete, tente colocar uma de suas mãos sob a coluna lombar. Com isso, você deverá ser capaz de movimentar facilmente seus dedos no espaço entre o colchonete e a coluna. É desejável que esse espaço seja ínfimo. Algumas pessoas precisam inclinar a pélvis suavemente para cima até que seja capaz de isolar e controlar os abdominais, mantendo a pélvis neutra.

Na sessão prática deste livro, aprenderemos como realmente encontrar a pélvis neutra e como mantê-la durante o movimento. Por que estamos tão interessados na concavidade natural da coluna? A pélvis neutra coloca a pélvis na melhor posição de absorção de choque e impacto, facilitando a contração profunda do transverso do abdome ao estreitar a cintura. Ao deitar dorsalmente com a pélvis neutra, os dois ossos dos quadris e o osso púbico estarão no mesmo plano. A curvatura exata da pélvis neutra pode variar de pessoa para pessoa.

Uma forma de encontrar a pélvis neutra é sentar na bola e saltar três vezes. O corpo normalmente reagirá alongando em uma ótima postura. Não alongue demais a coluna lombar ou exagere ao sentar na bola ou deitar no colchonete. Queremos trabalhar apenas com a curva natural da coluna.

Não há exceção para a posição de pélvis neutra, uma exceção endossada pela maioria dos praticantes de Pilates. É desejável, ao deitar no

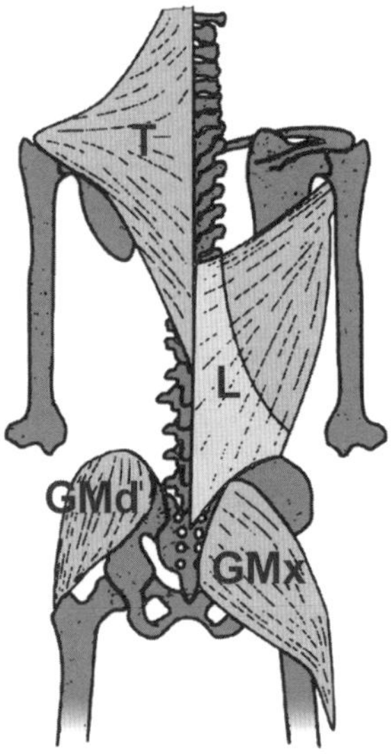

Os primeiros movimentadores

O latíssimo dorsal é um grande músculo que se origina na coluna lombar e no tronco, permanecendo ao redor dele e fixando-se nos braços. O trapézio é outro músculo superficial do tronco. Os glúteos são os poderosos músculos do quadril.

Esses grandes músculos, algumas vezes chamados de primeiros movimentadores, são designados para ações de força de curta duração. Movimentos de camadas superficiais devem ser adicionados quando apenas os estabilizadores profundos fornecerem uma forte base para tais movimentos. Quanto mais fortes os músculos menores profundos, mais os músculos maiores superficiais trabalharão para ajudar a chutar, saltar e arremessar.

colchonete, elevar a perna para que a coluna lombar fique estendida. Em alguns exercícios abdominais mais avançados, isso pode ser arriscado para a coluna lombar, caso ela não esteja seguramente apoiada no colchonete, permitindo que forme uma concavidade. Nesse caso, não force a coluna lombar para trás a ponto de os glúteos ou quadris se tensionarem. Conforme a coluna lombar elimina a concavidade, o sacro (a quinta vértebra que se une à base da coluna) deve sempre permanecer em contato com o colchonete, e os glúteos não devem levantar.

Do profundo para o superficial

Treine primeiramente os músculos profundos e, depois, a camada superficial.

Objetivamos trabalhar do profundo para o superficial. O reto abdominal superficial e as grandes camadas musculares do tronco, tais como o erector da coluna, são similares às cordas que equilibram uma bandeira, embora eles forneçam apoio na conexão entre cada segmento da coluna. Quanto mais fortes forem os músculos menores e profundos, mais eficientemente os músculos maiores e superficiais poderão trabalhar. Se o sistema de músculos profundos não fornece apoio para os superficiais, estes podem ser alvo de prática e realização da forma para a qual não são designados.

Abdominais praticados diariamente

Exercício abdominal e exercício de força na coluna lombar são essenciais para a vida diária, esportes e atividades recreacionais.

Esse trabalho não deve ser interrompido, mesmo que você caia da bola. Aprenda a estabilizar o centro de força de maneira apropriada em todas as suas atividades diárias para prevenir lesões. Caso esteja cuidando do jardim, levantando objetos pesados acima da altura da cabeça ou carregando crianças no colo, saiba que é a força dos músculos profundos do abdome e do tronco que permite a realização desses movimentos seguramente. Direcione a região do umbigo suavemente para a coluna e inicie o movimento da "casa de força". Se você tem dores na coluna recorrentes, consulte um fisioterapeuta que tenha conhecimentos sobre o treinamento dos abdominais profundos.

Qualidade, não quantidade

Impulsionar o corpo muito rápido em uma longa distância estimula os músculos não-apropriados para os movimentos e cria padrões de movimentos incorretos.

O conceito final é, talvez, o mais importante de todos. A maioria de nós não está acostumada a treinar os músculos invisíveis das camadas profundas. Os velhos métodos mais familiares focalizam o fortalecimento dos músculos mais visíveis do tronco, tais como o latíssimo do dorso (grande dorsal), o trapézio e os glúteos, entre outros. Esses grandes músculos são, algumas vezes, chamados de motores primários. O treinamento de camadas externas pode ser adicionado em um programa de *fitness*, uma vez que os estabilizadores profundos tenham sido condicionados para fornecer um forte apoio. Temos que reprogramar o corpo e a mente para essa nova abordagem. Inicie com poucas repetições de baixa intensidade. Impulsionar o corpo a uma grande distância e a uma grande velocidade apenas encoraja os músculos "errados" a trabalhar e a criar padrões incorretos de movimentos.

Qualidade, não quantidade, é o lema do trabalho de *Abdominais com Bola*. Desejamos qualidade de movimento que seja controlada e precisa. Pode ser uma abordagem drasticamente diferente se comparada aos seus exercícios usuais. Você também pode se surpreender ao ver uma recomendação de apenas oito ou menos repetições por exercício. O ideal é que não haja repouso entre os exercícios. Ao se movimentar diretamente de um exercício para outro com uma boa técnica, pode-se desenvolver melhor resistência.

3

Pontos finais

Não importa o nível de sua aptidão motora, inicie a prática da nova abordagem de treinamento abdominal no capítulo 4, "Abdominais básicos com bola". Conforme os músculos do sistema profundo se fortalecem, atletas e praticantes assíduos ficarão maravilhados com suas melhoras nos saltos, chutes ou levantamentos de pesos. Os exercícios devem ser organizados para manter a seqüência da fluência do movimento e promover um desenvolvimento harmônico dos músculos que contraem, estendem e rotacionam. Não pule os fundamentos do início de cada capítulo prático. Eles são bastante eficazes e irão ajudar a identificar, isolar e fortalecer os músculos específicos e também alinhar seu corpo corretamente.

Conforme aprende esses exercícios, mantenha a ordem em que estão apresentados, mesmo que você pratique apenas alguns de cada vez. Se você está fora de forma ou se recuperando de uma lesão, terá que gradualmente aumentar o número de exercícios que pratica, sendo cuidadoso em manter uma boa técnica. Pessoas que estão se recuperando de uma lesão podem necessitar de uma reabilitação em superfície estável em vez de uma bola. Consulte um médico para ver se esses exercícios são ideais para você. Se você é estudante intermediário e está levemente lesionado ou com dor no pescoço ou na coluna, pratique apenas os exercícios básicos de abdominais com bola (capítulo 4) para manter seu corpo em movimento, apesar de suas restrições motoras.

Comece com um exercício de cada vez. Leia todas as instruções antes de iniciar e preste atenção nos pontos-chave e nas modificações. Perseverança é muito importante, faça tudo devagar; visualize o que está tentando alcançar com cada movimento. Uma pequena parcela de alunos sentiu algumas dores ao realizar movimentos com bola. Caso você sinta alguma dor, pare e respire. Anote imediatamente o exercício que trouxe a dor. Faça esse exercício mais lentamente ou não o faça. Aqueles que sofrem de vertigem devem se restringir do trabalho com bola no colchonete e procurar ajuda médica.

Fazer exercícios em uma bola móvel o ajudará de diversas formas. O sistema nervoso é muito mais estimulado quando se exercita em uma bola do que no colchonete; a fadiga neuromuscular é eliminada em movimentos rápidos e coordenados. Portanto, devem ser adicionados apenas um ou dois exercícios mais desafiadores no início, e não no final da sessão, mas apenas depois que você estiver aquecido. O aquecimento é realizado promovendo-se uma atividade suave que realmente prepara os mús-

Nosso umbigo, nosso centro

A primeira vez que comentei estar escrevendo um livro novo sobre exercícios abdominais, chamado *Abdominais com Bola*, fui lembrada de que, para muitos, nossos músculos abdominais têm uma enorme carga emocional, um barômetro de força e vulnerabilidade. Um homem escondido por trás de uma risada, que faz seu próprio abdome tremer, faz piadas sobre "ser guiado por seu estômago". Uma mulher comentou sobre seu alto grau intuitivo, herdado de sua avó, permitindo a ela discernir uma situação. Mesmo sendo pronunciada, a palavra *abdominal* causa, nas pessoas, ajustes físicos em seus corpos.

culos (o alongamento nunca deve ser utilizado como forma de aquecer o corpo; é necessário estar aquecido para se alongar). Antes de praticar os exercícios abdominais com bola, é necessário fazer movimentos aeróbios suaves para alcançar sua freqüência cardíaca, ou caminhar durante dez minutos. Você também deve praticar os 15 minutos de exercícios abdominais básicos na bola (ver página 19) como uma forma de aquecer o corpo.

Uma vez aquecido, adicione variações desafiadoras a um exercício apenas quando conseguir manter uma ótima forma com as versões mais fáceis. Repito: não faça nada muito rápido e nem muito além do que consegue. Conforme a fadiga vai aumentando, atletas eventuais, assim como iniciantes, tendem a desenvolver excessivamente a força das camadas exteriores dos músculos, exatamente o que não queremos.

A bola certa para você

Pessoas de qualquer idade e nível de *fitness*, quando se vêem diante de uma bola, tendem a ficar ansiosas para iniciar os exercícios. Antes de praticá-los, porém, não esqueça de considerar algumas instruções do profissional. Seguir as dicas e as precauções fará diferença entre um trabalho seguro e eficaz e um trabalho malfeito, sem efeitos e até mesmo com riscos.

As bolas de exercícios não são muito caras, e estão disponíveis em lojas de esportes. Mas preste atenção: as bolas não são todas exatamente iguais. Algumas são inferiores quanto ao cheiro e ao material. Particularmente, prefiro as *Fitball*. Utilizo apenas a *Fitball* em minhas aulas e atividades, por ter excelente textura, ser de um material muito bom, não permitindo que se escorregue com facilidade e, ao mesmo tempo, ser flexível e firme, sem ser pesada e desconfortável. O mais importante de tudo: ela é extremamente resistente. Caso, por acidente, você passe por cima de uma pedra ou tachinha, ela não estourará, mas esvaziará gradativamente. As *Fitballs* ainda têm um suave aroma de baunilha, e não um cheiro forte de vinil. Elas não possuem látex e são fabricadas e testadas para suportar até 455kg durante o seu uso normal.

O tamanho apropriado da bola é um assunto de debate entre professores, e depende muito do método de exercício que está sendo utilizado. Em *Abdominais com Bola*, não iremos saltar na bola, por isso acredito que uma bola de 55 cm seja perfeita, a menos que você tenha porte pequeno. Quanto maior a bola, mais pesada e mais desajeitada ela será. Como regra geral: ao sentar na bola, os quadris e os joelhos devem formar um ângulo de aproximadamente 90 graus. A menor bola mostrada neste livro tem cerca de 23cm. Assim como a *Fitball*, ela também é produzida pela Ledraplastic, na Itália. A *Overball* tem uma superfície sensível como a pele e é muito flexível, podendo ser facilmente comprimida, sem causar ferimentos ou machucados caso seja arremessada contra seu corpo ou quando for apertada; é bastante leve e barata. Além dela, você deve ter uma segunda bola que será utilizada no lugar do círculo de Pilates ou um pequeno barril para apoiar ou alongar o corpo, ajudando a colocar os músculos num bom posicionamento corporal. As *Overballs* são feitas e testadas para suportar 200kg e infladas por uma bomba. Uma *Chiball*, uma bola infantil chamada Gertie, ou um grande quadrado ou pedaço de espuma também funcionarão da mesma forma.

Firme ou macia

A pressão de ar na bola deve ser bem maior para alunos com mais peso. Use preferencialmente uma bola menos macia, ou não muito cheia, pequena ou grande nesse caso. Uma bola mais vazia é mais responsiva ao corpo, sendo, também, mais confortável, e não irá comprimir o peito ou os seios ou penetrar na área pélvica. Mari Naumovski, criadora do *Bodyspheres*, faz uma analogia com uma expressão usada na dança, chamada improvisação de contato, para discutir a firmeza da bola. Ela explica que, quando alguém dança com um parceiro que possui músculos salientes (uma descrição semelhante a uma bola totalmente cheia), é mais difícil sentir o movimento por causa das diferentes camadas do corpo.

Uma bola mais macia traz facilidade para os iniciantes, pois ela fornece maior base de apoio. Para alguns dos exercícios que exigem maior demanda, entretanto, uma bola mais firme fornece melhor apoio para que o exercício seja completado de forma mais apropriada. Caso esteja sentando ou saltando muito, uma bola de tamanho ideal, mais firme, é a mais apropriada.

A bola é enchida de acordo com o diâmetro (altura do chão), e não de acordo com a pressão do ar. Um padrão de medida, que vem impresso na bola e na embalagem, o ajudará a inflar a bola até o diâmetro máximo. Infle até o diâmetro recomendado, não mais. As *Fitballs* vêm acompanhadas de um plugue para ajudá-lo a esvaziar a bola e levá-la para onde desejar. A maioria das pessoas acha que uma bomba de bicicleta não é suficiente para encher as bolas maiores. Utilize uma bomba para colchão ou bote de ar, ou então vá até um posto de gasolina e encha com a bomba de ar. Utilizo uma bomba de ar de plástico barata e pequena, muito fácil de manusear e bastante eficaz no enchimento da bola.

Pequena ou grande

Utilizar uma bola pequena para exercitar os músculos abdominais não significa, necessariamente, que seja mais fácil. Alguns praticantes preferem as bolas pequenas porque estas possibilitam trabalhar mais precisamente, capacitando o alcance dos músculos nos diferentes níveis, e tanto o professor quanto o aluno podem ver o corpo mais claramente, distinguir a pélvis e a disposição do corpo. A bola pequena tem definida portabilidade e vantagens de armazenamento, e descobri uma propriedade meditativa e perceptiva quando trabalhamos com ela, pois responde prontamente às mudanças respiratórias e variações de peso. Alguns exercícios, entretanto, só podem ser realizados com a bola grande. A bola grande permite que o corpo seja levantado por meio da pressão, criando maior resistência e mais oportunidades para o aumento da amplitude do movimento. Alguns exercícios podem ser realizados tanto com uma bola grande quanto com uma pequena, embora alguns movimentos sejam particularmente designados para uma ou para outra.

Algumas dicas úteis e precauções

Verifique com seu médico ou avaliador físico se esses exercícios realmente são adequados para você. Preste bastante atenção nas modificações e nas pausas caso sinta algum desconforto. Se houver dúvidas, evite determinados exercícios. Se estiver grávida, leia o box na próxima página.

Complementando essas sugestões, aqui estão outros pontos que devem ser lembrados ao praticar seus exercícios:

- "Menos é mais". Se você está sentindo dores, está passando de seus limites.
- Não é aconselhável iniciar qualquer rotina de exercícios logo após as refeições, principalmente em abdominais com bola.
- Inicie gradualmente. Certifique-se que bebeu água em quantidades corretas.
- Pratique os exercícios descalço, pois isso facilita o contato com o chão. Caso ainda sinta seus pés escorregando, utilize sapato esportivo ou sapatilhas.
- Pratique seus exercícios em uma esteira antiderrapante de ioga ou em um tapete que não deslize.
- Certifique-se que há espaço suficiente ao seu redor.
- Evite roupas largas e cabelos compridos soltos para não correr o risco de prendê-los embaixo da bola.
- Verifique se a área em que você irá praticar os exercícios não tem pregos, tachinhas ou outros tipos de objetos cortantes que possam danificar a bola. Cheque a bola toda vez antes de utilizá-la. Isso é importante se estiver numa academia cujo chão pode estar sujo e a bola de exercícios pode ter encostado nas peças dos equipamentos.
- Infle a bola em temperatura ambiente e não em temperaturas alta ou baixa.
- Mantenha a bola limpa. Uma bola de exercícios suja é anti-higiênica e pode tornar-se escorregadia. A maioria das bolas pode ser facilmente limpa com um pano e, se necessário, sabão e água.
- Certifique-se de que a bola com a qual você está se exercitando é resistente a estouro. Encontra-se, no mercado, muitas bolas baratas que não possuem esse importante item de segurança.

- Não utilize a bola fora de casa ou da academia, e não permita que os animais brinquem com elas. As crianças não devem brincar com bolas maiores do que elas.
- Mantenha sua bola longe da luz direta do sol e longe de fonte de energia e calor. Não deixe a bola inflada dentro do carro fechado e quente.
- Nunca tente remendar a bola.

Uma última palavra

No final do livro, você encontrará os exercícios abdominais básicos, intermediários e avançados, de 15 minutos a 30 minutos. Para um abdome mais forte e uma coluna lombar bastante saudável, tente praticar todos os dias, ou dia sim, dia não. Não se deve, entretanto, realizar apenas exercícios para os abdominais. Inclua o treinamento cardiovascular e o treinamento de força em sua rotina de exercícios. A flexibilidade também é importante para a saúde da coluna: músculos fortes e flexíveis possuem menor probabilidade de lesões após uma rotina diária de exercícios. Novamente, certifique-se com seu médico ou avaliador físico se você está apto a praticar exercícios antes de iniciar este ou outro programa.

A gravidez e os exercícios com a bola

Por ter o foco na conexão do abdome e na compressão com a parede abdominal, muitos dos exercícios deste livro não são aconselháveis para mulheres grávidas. A menos que já tenha experiência no Método Pilates, mulheres grávidas deverão freqüentar aulas no pré-natal com exercícios cuidadosamente designados para cada trimestre.

Após dar à luz e receber alta de seu médico ou avaliador físico, os exercícios abdominais com bola serão excelentes para o fortalecimento do assoalho pélvico e dos músculos abdominais. Abdominais fracos facilitam lesões na coluna, portanto é importante iniciar os exercícios logo após a permissão de seu médico.

Caso tenha dado à luz por meio de cirurgia cesariana, espere, no mínimo, seis semanas para iniciar os exercícios com a bola, pois a cesariana envolve um corte através dos músculos abdominais, podendo levar alguns meses para sentir seus músculos abdominais novamente. Inicie com os exercícios fundamentais e trabalhe devagar nos exercícios básicos após alta de seu médico ou avaliador físico.

4

Abdominais com bola: nível básico

Os exercícios deste capítulo são um ótimo ponto inicial para qualquer um, não importa o nível de aptidão ou de treinamento. Os exercícios suaves e eficazes desenvolvidos aqui para aumentar a resistência do abdome, da região medial da coxa, dos glúteos e dos músculos do tronco aliviam, em alguns casos, as dores moderadas da coluna.

Dê uma atenção especial aos exercícios fundamentais. Eles irão ensinar a posição da pélvis neutra e as posições da cabeça, e também como isolar e treinar o músculo transverso do abdome profundo e os músculos pélvicos. Em alguns casos, os exercícios fundamentais são os mais difíceis, não em termos de força motora, mas por causa dos movimentos curtos e precisos que são muito desafiadores para qualquer pessoa. Persista e repita-os com freqüência.

Assim que passar dos exercícios fundamentais para os básicos, tome cuidado para não exigir muito de si, não se sobrecarregue. Mantenha seu corpo em um bom alinhamento e pense nos músculos centrais trabalhando juntos, para proteger a coluna e manter a pélvis estável. Se estiver com o pescoço dolorido, mantenha a cabeça no colchonete ou coloque as mãos atrás do pescoço para dar apoio a ele sempre que levantar a cabeça. Mantenha seus ombros relaxados em vez de elevados para evitar tensão no pescoço. Certifique-se de que você está iniciando cada movimento com a respiração certa, e use-a para mover o corpo o mais corretamente possível.

Praticando os exercícios fundamentais

Os exercícios fundamentais são exercícios curtos, precisos e programados, desenvolvidos para praticar a respiração correta, rever o posicionamento do corpo e localizar os músculos apropriados antes de começar os exercícios básicos. Pélvis neutra, assoalho pélvico e abdome contraído – você aprenderá uma nova linguagem, e esses cinco fundamentos irão preparar seu corpo e sua mente para essa nova experiência. Trabalhe devagar e metodicamente por meio desses cinco exercícios fundamentais até que esteja satisfeito e que seu corpo possa entender esses conceitos importantes. Então você estará pronto para passar para os Exercícios Básicos.

Fundamental 1: Respiração torácica

A respiração diafragmática é muito importante para os exercícios abdominais com bola. O diafragma é uma parede muscular em forma de cúpula que se encontra entre o tórax e os músculos abdominais. É desenvolvido para fortalecer como um propulsor: na inspiração, ele contrai e move-se para baixo, puxando o ar; na expiração, o diafragma relaxa e a cúpula sobe, soltando o ar utilizado. Nesse exercício, tente guiar o ar para a parte inferior da caixa torácica e para a coluna, e não para os músculos abdominais e para o tórax. Direcionar o ar para a parte inferior e posterior da caixa torácica garante que o diafragma trabalhe em sua respiração. Lembre-se que há evidências de que o diafragma ajuda os músculos estabilizadores, fornecendo apoio à coluna (veja o box "Os músculos da região central - estabilizadores" na página 08). Para a respiração lateral, use uma bola menos cheia. Direcione a respiração para as laterais da caixa torácica e veja como a bola "responde" à respiração. Continue o movimento, mas não force a respiração.

Objetivo: Praticar a respiração diafragmática. Direcionar a respiração para a coluna e para a lateral da caixa torácica.

Pontos-chave: Inspire pelo nariz, expire pela boca e fique com o maxilar relaxado. Concentre-se na respiração e tente não criar tensão em nenhuma parte do corpo. Se você tiver dores no pescoço ou nos braços durante a respiração lateral, apóie sua cabeça na mão ou coloque a cabeça e o tórax sobre a bola.

Fig. 4.1

Posição Inicial
Em decúbito ventral, com os joelhos flexionados e os pés afastados na distância dos quadris, coloque as mãos ao redor de sua caixa torácica. (figura 4.1).

Movimento 1: Respiração torácica
1- Inspire pelo nariz para expandir os espaços costais. Expire pela boca e imagine que as costelas estão deslizando juntas.

Fig. 4.2

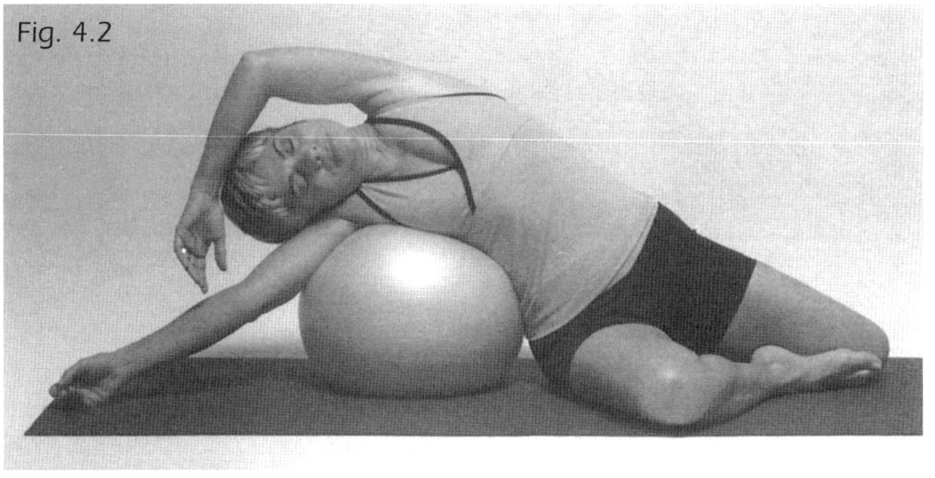

Fig. 4.3

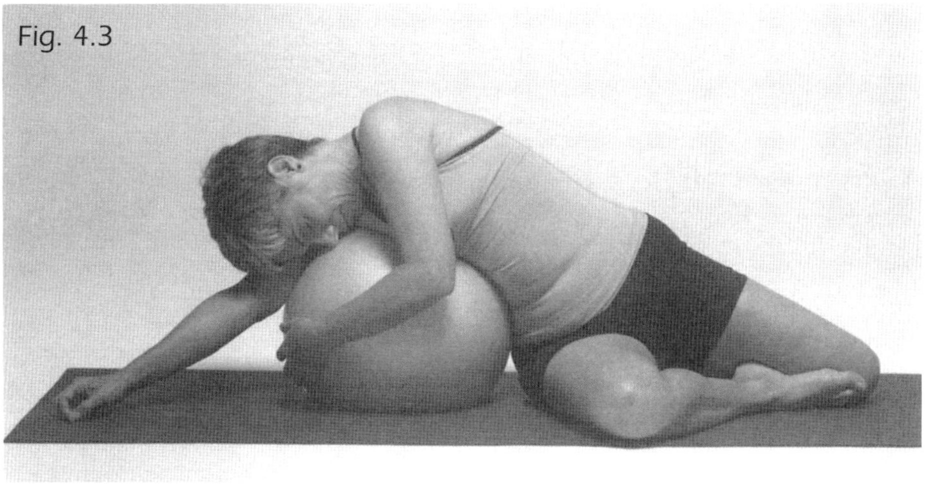

2- Respire mais cinco vezes dessa mesma maneira.

3- Role por sobre seu lado direito e lentamente sente-se usando os braços. Faça que sua cabeça seja a última parte a se levantar.

Movimento 2: Respiração lateral

1- Sente-se com seu lado direito ao lado da bola. Flexione o joelho direito para frente e coloque o pé esquerdo atrás de seu corpo. Coloque seu peso para o lado direito e relaxe-o sobre a bola; o braço esquerdo deve estar relaxado sobre a cabeça. A cabeça pode ficar sobre o ombro direito (figura 4.2).

2- Inspire pelo nariz para expandir o lado esquerdo da caixa torácica.

3- Expire pela boca para relaxar.

4- Respire mais cinco vezes dessa maneira.

5- Repita com o lado esquerdo. Relaxe sua cabeça sobre a bola, se desejar (figura 4.3).

Fundamental 2: Deitado com a pélvis neutra no colchonete

A pélvis neutra é uma posição que mantém a concavidade natural da coluna lombar. Ela coloca sua coluna numa relação ótima com a pélvis e estabiliza a coluna, deixando os discos numa posição segura e sem pressão. Deite dorsalmente no colchonete.

Os dois ossos do quadril da parte frontal de sua pélvis devem estar paralelos ao osso púbico. Coloque uma mão sob sua coluna lombar – estenda seus dedos no espaço entre seu corpo e o colchonete. É aconselhável que esse espaço seja menor que uma fenda. Esses exercícios mostram como encontrar a pélvis neutra: usando os músculos abdominais para inclinar a pélvis, sentirá uma grande concavidade na coluna lombar e depois uma concavidade menor; algum lugar entre esses dois extremos é a posição neutra.

Objetivo: Mobilizar a coluna lombar e localizar a pélvis neutra.

Pontos-chave: Tente não criar tensão em nenhuma parte do corpo. Os glúteos e os músculos da coxa não devem ser trabalhados neste exercício. Relaxe-os. Lembre-se de inspirar pelo tórax e não pelo abdome.

Fig. 4.4

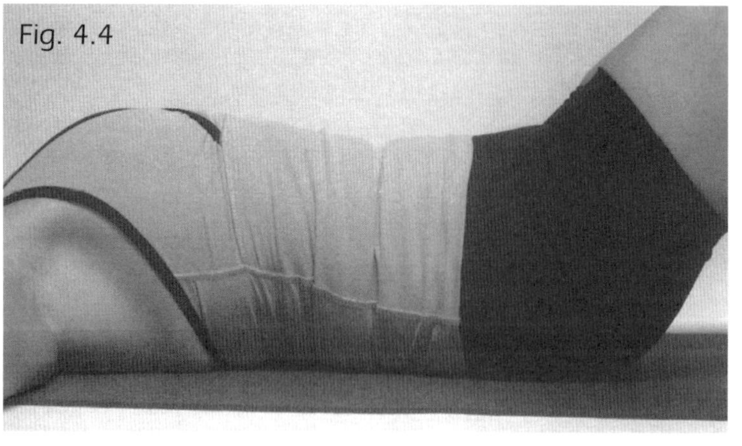

Posição Inicial

Deite-se dorsalmente no colchonete e com os joelhos flexionados. Os pés devem estar paralelos e afastados pela distância do quadril, alinhados com os joelhos e estes, alinhados com o quadril.

Movimento: Inclinando a pélvis para dentro e para fora da posição neutra

1. Inspire. Expire para, suavemente, puxar as regiões dos músculos infra-abdominais, inclinando levemente a pélvis e prensando a coluna lombar contra o colchonete. O osso púbico se levantará (figura 4.4).
2. Inspire e abaixe o osso púbico, de modo que fique um espaço desde os ossos do quadril na parte frontal de sua pélvis até o osso púbico. Você irá perceber um grande arco na coluna (figura 4.5).
3. Expire usando os músculos abdominais para pressionar a coluna lombar contra o colchonete, conforme suavemente levanta seu osso púbico, como no primeiro movimento.

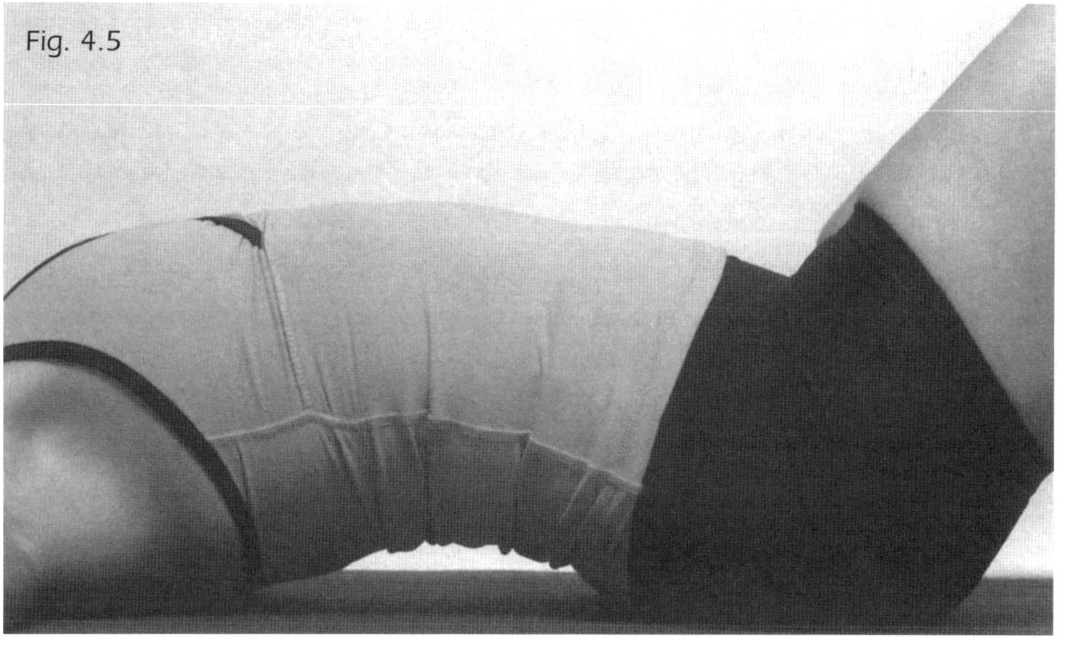

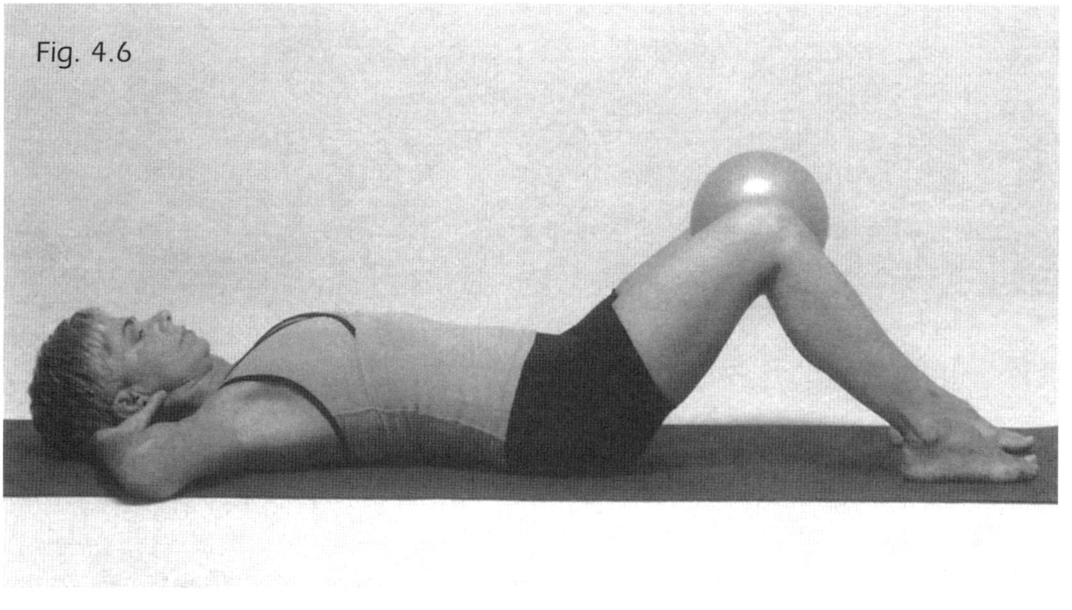

4. Repita muitas vezes, rotacionando e balançando a pélvis em ambas as direções.
5. Termine com a pélvis descansando na posição neutra (figura 4.6). O cóccix tem que estar mais pesado quando estiver alongado no colchonete. Sua pélvis não deve estar nem para cima e nem para baixo. Seus ossos do quadril e o osso púbico deverão estar paralelos.

Fundamental 3: Levantando a cabeça do colchonete

Muitos exercícios abdominais são realizados com a cabeça elevada. O objetivo desse exercício é treinar o corpo a levantar a cabeça pesada sem lesionar o pescoço ou agravar a tensão. Quando praticar este exercício, tenha três tópicos em mente. Primeiro, certifique-se de que quando estiver deitado sua cabeça não esteja muito para trás, fazendo que seu pescoço fique hiperestendido. Abaixe um pouco o queixo como se quisesse segurar uma bola de tênis com a garganta. Em alguns casos, a cabeça precisará de um travesseiro plano para atingir esse ângulo. Segundo, verifique se os ombros estão alinhados e não acima da cabeça. Finalmente, quando for levantar a cabeça, faça-o de uma só vez. Você pode querer usar as mãos para realizar o movimento; não as use, utilize os músculos abdominais. Quando sua cabeça estiver levantada, olhe para seus joelhos e não para o teto.

Objetivo: Praticar o levantamento de cabeça de forma segura.

Pontos-chave: Mova o pescoço levemente e sem esforço, não empurre o queixo contra o tórax ou deixe-o solto. Lembre-se sempre da bola de tênis entre o tórax e o queixo.

Fig. 4.7

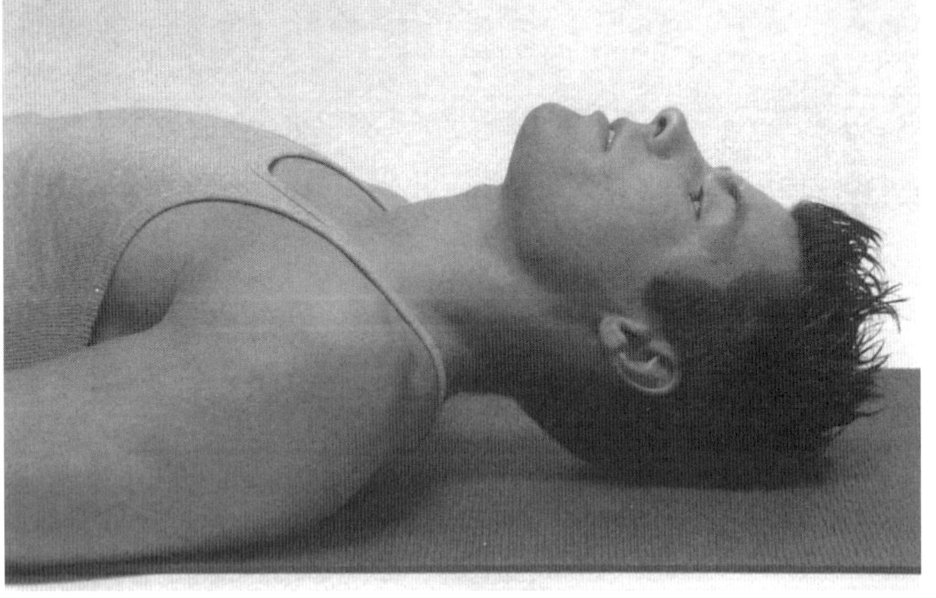

Posição Inicial

Em decúbito dorsal e com os joelhos flexionados. Os pés devem estar paralelos, afastados na distância do quadril e alinhados com os joelhos, os quais devem estar alinhados com o quadril.

Movimento 1: Queixo para cima

1. Inspire e levante o queixo levemente (figura 4.7).
2. Expire para abaixar o queixo e posicione-o como se fosse segurar uma bola de tênis na garganta. Essa correção dará a sensação de alongamento por todo o pescoço, o que é muito bom, uma vez que sua cabeça está repousada no colchonete.

Fig. 4.8

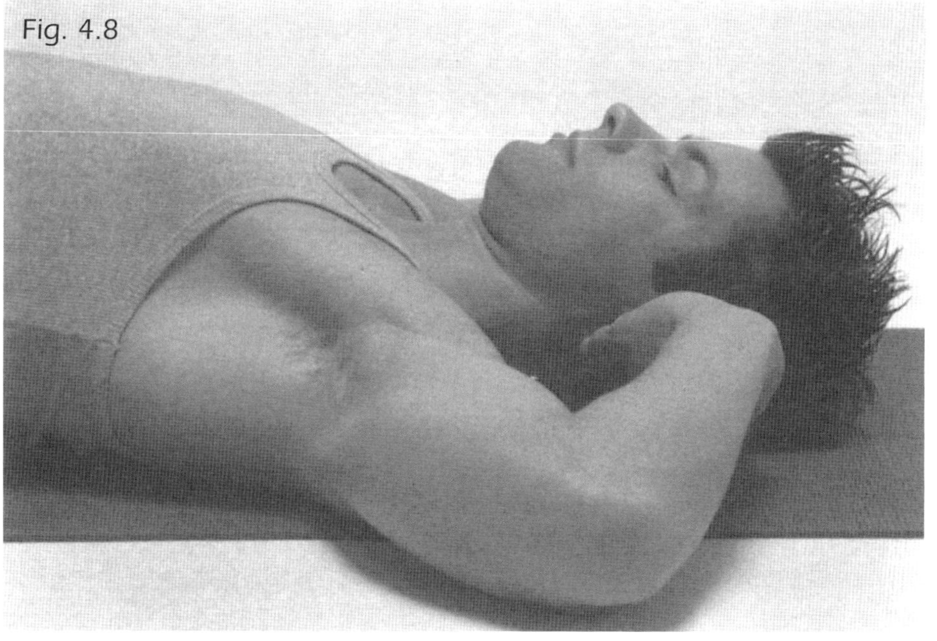

Fig. 4.9

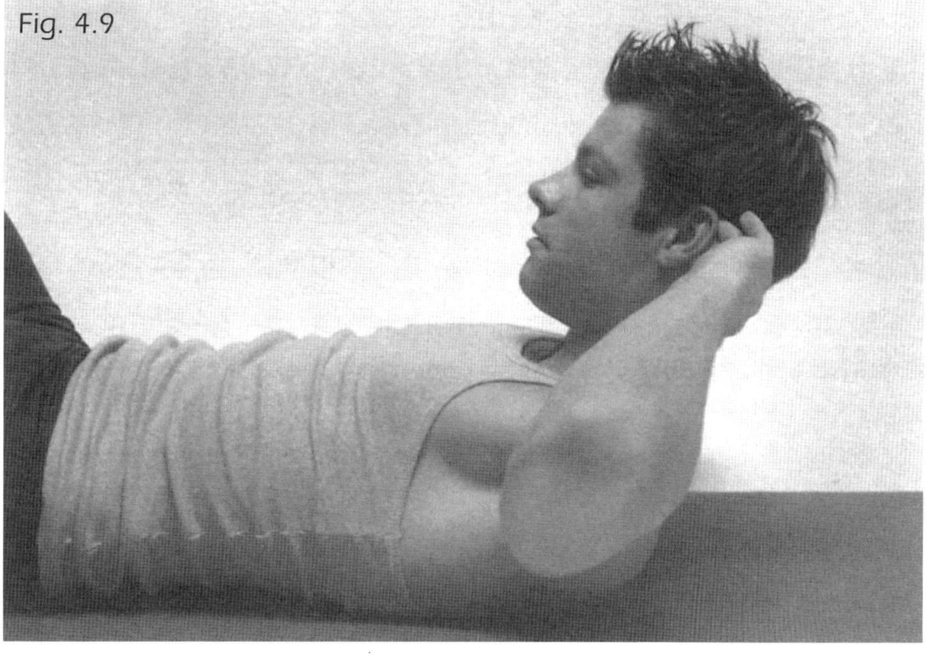

3. Inspire e coloque levemente a cabeça para trás.
4. Expire para elevar o queixo.
5. Repita seis vezes o movimento.

Movimento 2: Levantando a cabeça do colchonete

1. Para evitar pressão na nuca, coloque as pontas dos dedos levemente na base da cabeça, atrás das orelhas. Inspire para preparar (figura 4.8).
2. Expire para elevar o queixo e coloque a cabeça para frente, suportando seu peso com as mãos e usando os músculos abdominais para levantá-la. Olhe para frente e não para o teto.
3. Inspire e coloque a cabeça de volta no colchonete.
4. Expire para inclinar o queixo.
5. Repita seis vezes o movimento.

Fundamental 4: Abdome contraído

Ficar ajoelhado e distribuir o peso do corpo entre os quatro membros é a melhor posição para sentir a ação de movimentar os músculos abdominais para cima e para baixo. Outras partes do corpo, especialmente os glúteos, não estão envolvidos nessa ação. Quando estiver aprendendo essa delicada contração, tome cuidado para não permitir qualquer movimento na coluna ou na pélvis. A contração deve ser bem pequena e precisa. Repito: esse é um movimento minúsculo. Quando sentir a contração, maximize sua eficácia mantendo os músculos abdominais contraídos. Isso significa manter uma contração profunda, continuando a conduzir a região do umbigo para dentro – empurre a área entre o umbigo e o cóccix. Tente manter a tensão do músculo. Perceberá que enquanto mantém o músculo profundo ativado por 10 segundos ou mais, você se torna muito mais forte e consciente disso. Depois, realize o mesmo exercício sobre uma bola grande, ela não comprimirá seu tórax e responderá ao seu corpo e à sua respiração. Finalmente, mantenha a contração dos músculos abdominais profundos enquanto adiciona o movimento dos membros: nesse caso, levantamento de mão simples.

Objetivo: Aprender como desenvolver um abdome forte, direcionando suavemente a região do umbigo.

Pontos-chave: Esse movimento é sutil. A contração dos músculos abdominais é feita lenta e controladamente. Pense em aproximar a área entre o osso púbico e o umbigo. Os glúteos não são envolvidos. Evite hiperestender a coluna ou mover a pélvis. Mantenha os ombros relaxados. Lembre-se de inspirar pelo nariz e expirar pela boca. Pense em respirar profundamente, aumentando a convexidade da caixa torácica.

Fig. 4.10

Posição Inicial

Distribua o peso entre os quatro membros e certifique-se que as mãos estão alinhadas abaixo dos ombros e que os joelhos estão alinhados abaixo do quadril. Os joelhos devem estar afastados. Alongue a coluna até o pescoço e permaneça olhando para o colchonete. A coluna deve estar na posição neutra, nem hiperestendida e nem muito plana. Os cotovelos devem ficar estendidos.

Movimento 1: Contração

1. Deixe o abdome levemente relaxado sem movimentar a coluna ou a pélvis (figura 4.10).
2. Respire levemente e então conduza o umbigo e a parte infra-abdominal para cima e para baixo. Pense em puxar a área entre o umbigo e o osso púbico (figura 4.11).
3. Inspire e relaxe a região do abdome.
4. Expire para levantar o umbigo até a coluna.
5. Repita o movimento de seis a oito vezes.

Movimento 2: Contração mantida

1. Respire levemente e então conduza o umbigo e a região infra-abdominal para cima e para baixo. Pense em puxar a área entre o umbigo e o osso púbico (figura 4.11).
2. Continue respirando à medida que segura a contração por 10 segundos. Não segure a respiração.
3. Relaxe o abdome, respire e tente novamente, segurando a contração por 15 a 20 segundos. Mantenha a tensão no músculo profundo.
4. Repita o movimento três vezes.

Movimento 3: Com uma bola grande

1. Deite sobre uma bola grande. As mãos devem estar diretamente abaixo dos ombros, e os joelhos abaixo dos quadris. Dependendo do tamanho da bola, você equilibrará seu peso com os dedos dos pés em vez de utilizar os joelhos.
2. Expire para alongar toda a coluna.
3. Expire para levantar o abdome (figura 4.12).
4. Inspire para relaxar a região do umbigo sobre a bola (figura 4.13).

Fig. 4.11

Fig. 4.12

Fig. 4.13

5. Repita o movimento cinco vezes.

Movimento 4: Adicionando levantamento das mãos e contração

Fig. 4.14

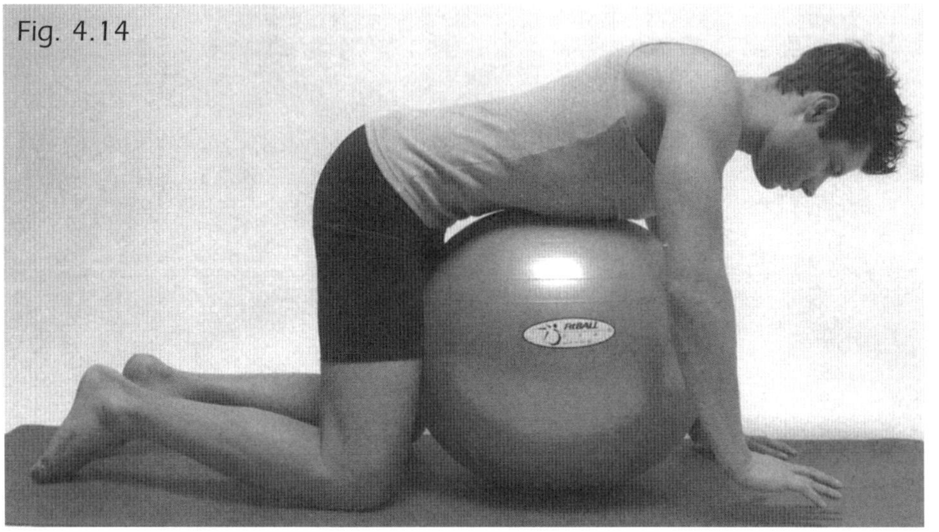

1. Inspire para alongar toda a coluna.
2. Expire para relaxar a região do umbigo e levante um pouco uma das mãos do colchonete (figura 4.14).
3. Inspire para manter a contração à medida que for abaixando a mão.
4. Expire para levantar a outra mão. Mantenha os músculos abdominais contraídos.
5. Inspire para abaixar a mão. Expire para levantar a mão.
6. Repita quatro vezes de cada lado, mantendo os músculos abdominais contraídos tanto para a inspiração quanto para a expiração.

Quem foi Joseph Pilates?

Joseph H. Pilates (1880-1967) nasceu na Alemanha e foi boxeador, artista e ginasta de circo. Ele se recuperou de uma sucessão de doenças, inclusive asma e febre reumática, por se dedicar à prática do atletismo. Preso num campo inglês para alemães durante a Primeira Guerra Mundial, começou a treinar outros prisioneiros com seus exercícios feitos no colchonete. Ele também fez equipamentos que ajudavam na prática dos exercícios. Assim, até mesmo as pessoas que se recuperavam de algum ferimento faziam os exercícios com segurança. Versões modernas desses equipamentos são encontradas hoje no Pilates Studios.

No final da década de 1920, Joseph Pilates emigrou para Nova York e abriu um estúdio. Seu trabalho atraiu muitos dançarinos, boxeadores e outros atletas. Dançarinos como Martha Graham e George Balanchine foram alguns dos primeiros alunos de Joseph Pilates.

Originariamente chamado de "Contrology", esse exercício de corpo e mente de Pilates consegue fundir os melhores aspectos das disciplinas de exercícios orientais e ocidentais. Do oriente, ele adotou as filosofias de conexão entre corpo e mente, relaxamento e flexibilidade. Do ocidente, trouxe a ênfase na tonificação muscular e força, resistência e intensidade de movimento.

O método de Pilates, como praticado hoje, é um programa completo de condicionamento mental e físico. Muitos dos pequenos movimentos terapêuticos podem se adequar às pessoas em recuperação ou ser intensificados para aumentar a habilidade básica de atletas e dançarinos. Por atrair pessoas de todas as idades e níveis de aptidão física, o método Pilates de exercício vem se tornando extremamente popular no mundo inteiro. Seus benefícios incluem correção de desequilíbrios musculares, realinhamento corporal e a construção de um cerne forte.

Fundamental 5: Exercício de elevação do assoalho pélvico

Em decúbito dorsal, com a pélvis na posição neutra, coloque uma bola pequena entre os joelhos. O objetivo do movimento 1 é sentir como uma pequena pressão na região medial da coxa ajuda os músculos do assoalho pélvico. Sem deixar o cóccix levantar do colchonete, você deve sentir o esfíncter anal e os músculos da pélvis fazerem uma pressão juntos, se elevando; assim a parte inferior da pélvis se levanta. Imagine que esteja com a bexiga extremamente cheia e que ela comprima esses músculos com o intuito de parar o fluxo de urina, enquanto você procura por um banheiro. As mulheres podem reconhecer esse movimento como o exercício de Kegel. Entretanto, localizar o assoalho pélvico é tão importante para os homens quanto para as mulheres. Uma vez que encontrou os músculos corretos, a ação no movimento 2 alonga o assoalho pélvico, segurando a contração por 5 a 10 segundos. Lembre-se, a pélvis não se moverá sozinha nesse exercício: somente os músculos vão para cima e para baixo. Perceba como os músculos do assoalho pélvico relaxam durante a inspiração e ficam rígidos durante a expiração.

Finalmente, depois de isolar os músculos do assoalho pélvico, coloque o dedão ou os três dedos mais longos a 2,5 cm dos ossos do quadril e pressione. O assoalho pélvico irá se conectar, por meio do sistema nervoso, aos músculos abdominais profundos, permitindo que você sinta, pela tensão nas pontas dos dedos, que o músculo transverso do abdome também está trabalhando.

Objetivo: Localizar os músculos do assoalho pélvico e sentir como a contração do assoalho pélvico atinge os músculos abdominais profundos.

Pontos-chave: Não deixe que a pélvis se mova ou incline. Lembre-se que a pressão na região medial das coxas é suave. Mantenha o cóccix em contato com o colchonete. Os glúteos devem estar relaxados, sem tensão nas coxas. Não segure a respiração nos movimentos 2 e 3.

Posição Inicial

Em decúbito dorsal e com os joelhos flexionados. Os pés devem estar paralelos e separados pela distância do quadril. Coloque uma bola pequena entre os joelhos.

Fig. 4.15

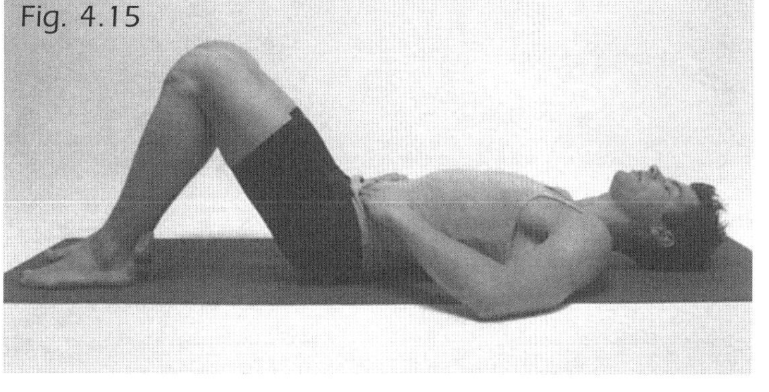

Movimento 1: Encontrando o assoalho pélvico

1. Inspire para preparar.
2. Expire e pressione a bola suavemente, imaginando o assoalho pélvico movimentando devagar e levemente para cima e sendo pressionado (figura 4.15).
3. Inspire para relaxar.
4. Expire para pressionar suavemente a bola.
5. Repita esse movimento seis vezes.

Movimento 2: Exercício de elevação do assoalho pélvico

1. Inspire. Expire para, suavemente, pressionar a bola, imaginando que o assoalho pélvico move-se lentamente para cima e para baixo e sendo pressionado. Imagine um elevador subindo do térreo para o primeiro andar.
2. Mantenha o elevador no primeiro andar e segure a contração por 5 a 10 segundos, respirando naturalmente.
3. Inspire e expire para lentamente puxar o elevador do primeiro para o segundo andar. Segure a contração por 5 a 10 segundos e respire naturalmente.
4. Inspire e expire para lentamente puxar o elevador do segundo para o terceiro andar. Segure a contração por 5 a 10 segundos e respire naturalmente.
5. Relaxe, fazendo que o elevador lentamente desça até o térreo.
6. Repita toda a seqüência mais uma vez.

Movimento 3: Sinta o músculo transverso do abdome

1. Coloque o polegar ou três de seus dedos mais longos a uma distância de 2,5 cm de seu quadril e pressione. Inspire.
2. Expire e pressione os músculos do assoalho da pélvis. Mantenha essa contração à medida que puxa o umbigo e a parte inferior do abdome.
3. Você consegue sentir a pressão nas pontas dos dedos, conforme a contração do assoalho pélvico ativa o músculo do transverso do abdome?
4. Relaxe e repita o movimento quatro vezes. Não segure a respiração.

Músculos do assoalho pélvico e incontinência causada pelo estresse

Os músculos do assoalho pélvico ficam suspensos como uma rede de dormir, indo desde o osso púbico até o cóccix, abaixo dos músculos abdominais. Para estar em boa forma, esses músculos devem ser capazes de segurar a urina, gases, fezes e também relaxar. Um assoalho pélvico forte é importante para homens e mulheres, pois seus músculos apóiam os órgãos internos. Uma deficiência nesses músculos pode causar problemas no trato urinário na meia-idade.

A incontinência causada pelo estresse ocorre quando a pressão dentro do abdome faz que a urina saia involuntariamente durante a risada, tosse ou algum esforço. De acordo com a fisioterapeuta e especialista em incontinência Beate Carrière, a incontinência pelo estresse afeta um a cada dez homens, uma a cada quatro mulheres e 17% das crianças entre 5 e 15 anos.

Dr. Arnold Kegel foi uma das primeiras autoridades a prescrever especificamente exercícios para o assoalho pélvico, principalmente para mulheres cujos músculos do assoalho pélvico estavam frouxos por causa do parto. Os exercícios de Kegel foram desenvolvidos nos anos de 1940; as mulheres eram instruídas a puxar a pélvis para cima e para baixo, e para se exercitarem três vezes por dia por 20 minutos. A eficácia dos exercícios depende da motivação e de como os exercícios são feitos.

Mais recentemente, bolas de exercícios vêm sendo usadas com grande sucesso no tratamento da incontinência e na reabilitação de pacientes com disfunções no assoalho pélvico. Carrière acredita que 90% dos casos podem ser melhorados ou curados com exercícios simples. Ela usa bolas de exercício e a respiração diafragmática para ajudar suas pacientes a treinarem um assoalho pélvico fraco e os músculos do esfíncter, tanto para recuperação como para prevenção. Os movimentos na bola, especialmente na posição sentado, simultânea e funcionalmente treinam os músculos do assoalho pélvico, do abdome e da região medial da coxa. Saltos com as bolas podem ser usados como meio de fortalecimento do assoalho pélvico, bem como para teste de deficiências. Deite num colchonete ou na cama e suavemente pressione uma bola ou um travesseiro; isso fará que mais fibras musculares sejam recrutadas em um exercício normal no colchonete. Para alguns exercícios, Carrière sugere que a contração seja mantida por 5 a 10 segundos, seguida por um período de descanso de 10 a 15 segundos.

Exercícios abdominais básicos com bola

Uma vez que tenha completado os cinco exercícios fundamentais e percebido o assoalho pélvico e o músculo transverso do abdome, trabalhando-os primeiro isoladamente e depois juntos, você já está pronto para começar os Exercícios Básicos.

Abdominal curto com bola pequena

Uma bola pequena e macia é uma excelente ferramenta para ajudá-lo a manter as pernas alinhadas e a ter certeza de que os músculos abdominais profundos e os superficiais estão sendo trabalhados. Como a região medial da coxa, os músculos abdominais profundos e os músculos do assoalho pélvico trabalham juntos, uma bola pequena entre os joelhos facilitará a contração de todos. Concentre-se em manter a bola no lugar com uma leve pressão, conforme for contraindo o músculo abdominal de forma lenta e controlada. Use a expiração para direcionar a região do umbigo à coluna. Pause por três segundos na parte alta do movimento 2 para comprimir os músculos abdominais antes de abaixar a cabeça no colchonete. Preste atenção se os músculos não estão relaxados, pois isso é um sinal de que a conexão abdominal profunda foi perdida. Sempre que praticar os exercícios, coloque a mão sobre os ossos do quadril e pressione. Você sentirá pressão nas pontas dos dedos, à medida que os músculos abdominais profundos são trabalhados. Lembre-se de manter a pélvis na posição neutra. Não levante o cóccix, mantenha-o firme no colchonete.

Objetivo: Fortalecer os músculos abdominais e contrair o abdome.

Pontos-chave: A pélvis fica na posição neutra e o cóccix não se levanta enquanto estiver erguendo o tronco. Não eleve muito o tronco, somente as escápulas devem estar fora do colchonete. Certifique-se que a cabeça suba imediatamente, olhe para o joelho e não para o teto. Não pressione os joelhos, coloque as mãos levemente atrás das orelhas.

Posição Inicial
Em decúbito dorsal, com os joelhos flexionados, os pés devem estar afastados pela distância dos quadris e paralelos. As mãos devem estar atrás das orelhas. Coloque uma bola pequena entre os joelhos (figura 4.16).

Fig. 4.16

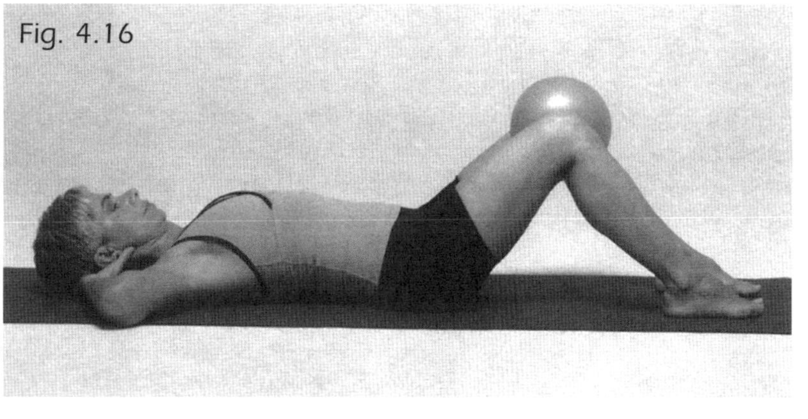

Movimento 1: Abdominal curto
1. Inspire para preparar, mantendo sua cabeça no colchonete.
2. Expire para afundar o umbigo e levante a cabeça, flexionando o tronco (figura 4.17).

Fig. 4.17

3. Inspire e fique na mesma posição. Mantenha os músculos abdominais contraídos. Imagine que está puxando seu umbigo para longe de sua calça. Tente não deixar que a tensão saia do músculo. Olhe sempre para frente.
4. Expire para retornar sua cabeça ao colchonete.
5. Repita oito vezes o movimento, lenta e controladamente.

Movimento 2: Segure a contração
1. Inspire para se preparar, mas deixe a cabeça no colchonete.
2. Expire para contrair o abdome e levante a cabeça, flexionando o tronco.

Posições e forma de exercícios incorretos

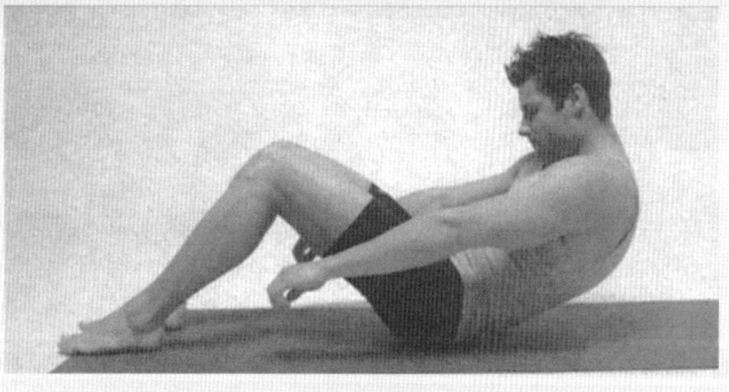

Não eleve o tronco mais alto que a base dos ombros em exercícios como o abdominal curto, meio rolamento ou extensão de um joelho. As escápulas devem estar fora do colchonete. Na foto acima, o aluno levantou muito a cabeça e os ombros do colchonete.

Já na foto superior à direita, o aluno está empurrando o pescoço, evitando que os cotovelos fiquem afastados. Para que a nuca não seja empurrada quando levantar a cabeça para fazer um trabalho abdominal, coloque os dedos levemente na base da cabeça e não os entrelace. Não conduza o queixo para frente quando estiver levantando a cabeça.

Na foto à direita, o aluno perdeu a posição neutra da coluna no exercício fundamental de abdome contraído. Sua coluna está hiperestendida e a cabeça não está alinhada. É importante manter a contração precisa da região central do corpo, tendo sempre uma ótima forma e postura da coluna antes de adicionar os movimentos com as pernas e os braços.

Abdominal com meio rolamento, braços elevados e quadril e joelhos flexionados em 90 graus

Depois de aprender os abdominais curtos com uma bola pequena, faça que o exercício fique mais interessante e progressivamente mais difícil, adicionando a elevação dos braços para trás e o levantamento de pernas. Primeiro, se você não tem tensão no pescoço, não coloque as mãos na nuca. Elevar os braços para cima e para trás, levemente em frente às orelhas, adiciona uma alavanca e desafia os músculos abdominais. Levantar as pernas com os joelhos e os quadris flexionados a 90 graus aumenta a carga do exercício. Observe que, quando as pernas são levantadas no movimento 3, a coluna lombar sai da posição neutra e pressiona suavemente o colchonete. Lembre-se de respirar profundamente.

Objetivo: Fortalecer os músculos abdominais e manter o abdome contraído.

Pontos-chave: Certifique-se se você está forte o bastante para realizar o movimento 3. Quando os braços estiverem estendidos para trás, tome um cuidado maior para que os ombros deslizem para baixo, e não para cima, em direção às orelhas. Quando os braços estiverem acima da cabeça, veja a conexão entre a caixa torácica e os músculos abdominais. Não deixe a coluna hiperestendida, fazendo que os quadris se levantem. Se o exercício com o quadril e joelhos flexionados em 90 graus gerar muita carga nos músculos abdominais, coloque seus joelhos mais perto do tórax.

Fig. 4.18

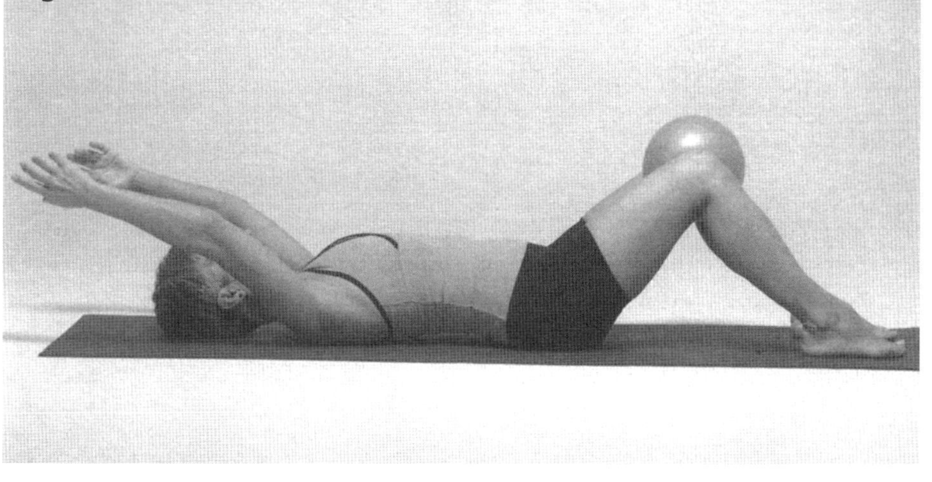

Posição Inicial
Em decúbito dorsal, a pélvis deve estar na posição neutra. Coloque uma bola pequena entre os joelhos. Comece com os cotovelos estendidos levemente sobre a cabeça (figura 4.18).

Movimento 1: Sem elevação dos braços
1. Inspire para levantar as mãos em direção ao teto, mantendo os ombros abaixados (figura 4.19).
2. Expire para levar a região do umbigo em direção à coluna e levante

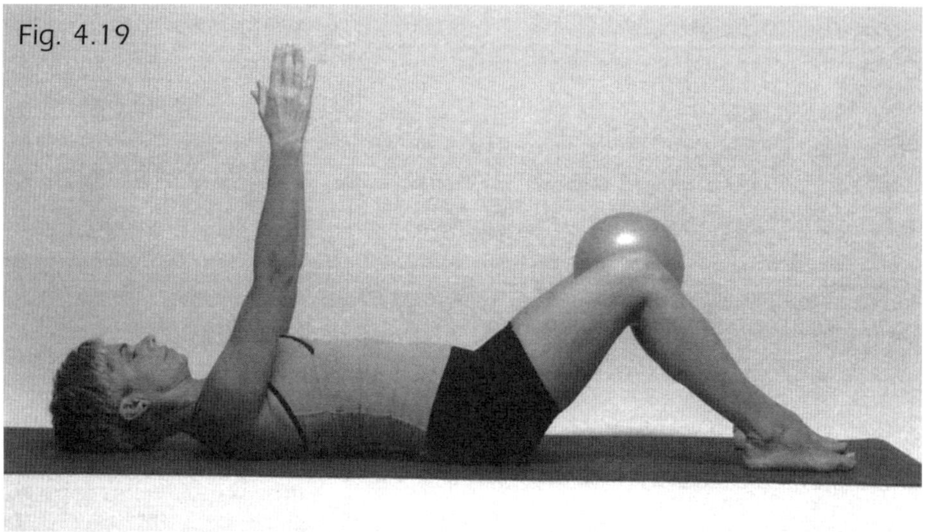

Fig. 4.19

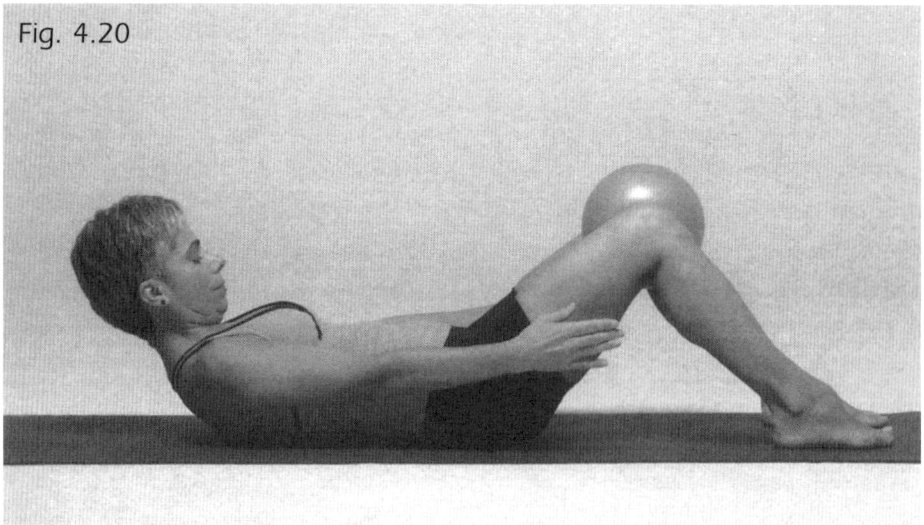

Fig. 4.20

o tronco, levando as mãos até as coxas. Mantenha a pélvis na posição neutra (figura 4.20).

3. Inspire e permaneça.
4. Expire para voltar ao colchonete, e os braços retornarem acima da cabeça.
5. Repita o movimento de seis a oito vezes.

Movimento 2: Com elevação dos braços

1. Inspire para levantar os braços.
2. Expire para levar a região do umbigo em direção à coluna e levante o tronco, levando as mãos até as coxas. Olhe para frente.
3. Inspirando, movimente os braços para trás levemente em frente às orelhas, mantendo o tronco um pouco levantado (figura 4.21).
4. Expire para voltar ao colchonete, os braços devem retornar acima da cabeça.
5. Repita o movimento de seis a oito vezes.

Movimento 3: Com elevação de pernas e joelhos flexionados

1. Comece com os braços estendidos sobre a cabeça. Levante as pernas com joelhos e quadril flexionados em 90 graus (figura 4.22).

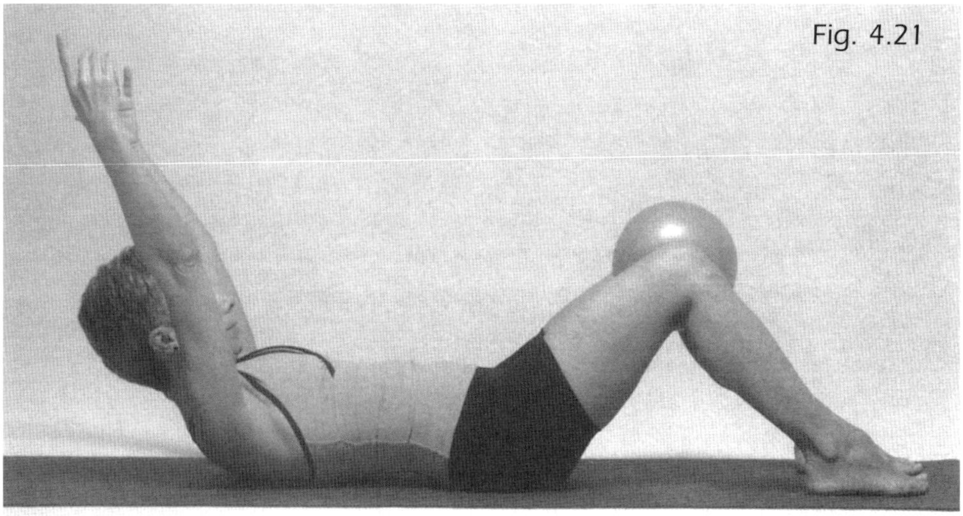

Fig. 4.21

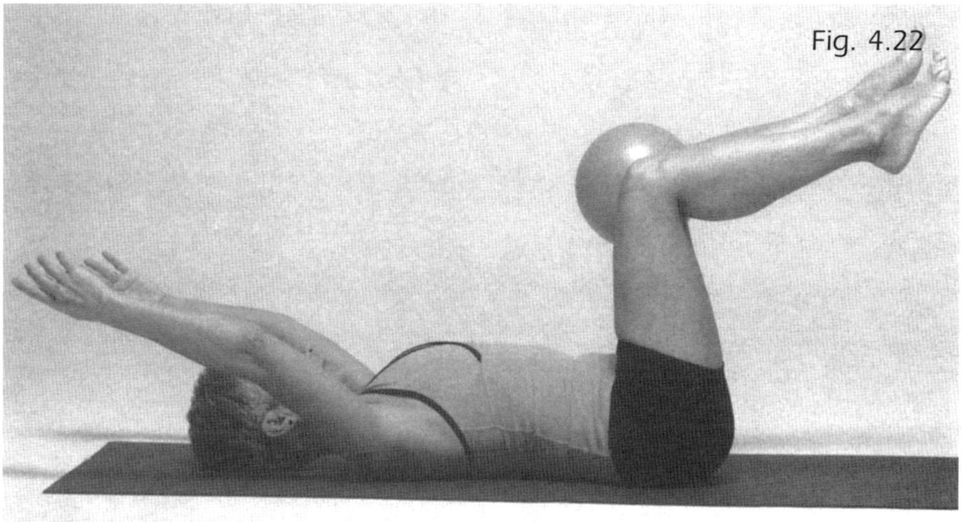

Fig. 4.22

Fig. 4.23

2. Inspire para levantar os braços.
3. Expire para levar o umbigo em direção à coluna e levante o tronco, levando as mãos até as coxas. Certifique-se de que sua coluna lombar está no colchonete (figura 4.23).
4. Inspire e permaneça. Olhe para frente.
5. Expire e retorne ao colchonete, os braços acima da cabeça. Se possível, mantenha as pernas elevadas com joelhos e quadril flexionados em 90 graus.
6. Repita o movimento de seis a oito vezes.

Extensões com bola pequena

É importante equilibrar o levantamento da coluna com movimentos que estendem o corpo. Para esse exercício, use uma bola pequena bem macia, meio-cheia ou não use bola. Uma bola bem murcha irá apoiar os quadris, aliviar a coluna lombar e ajudar a saber quando sua pélvis está estabilizada. Se os músculos estabilizadores profundos não estiverem trabalhando, sua pélvis irá se movimentar de um lado para o outro. Nos movimentos 3 e 4, aproxime seu umbigo da coluna na exalação e encaixe os músculos do assoalho pélvico à medida que adiciona movimentos, de pernas e braços, curtos e precisos. Certifique-se de que a bola está posicionada abaixo da pélvis (depois dos ossos dos quadris), e não abaixo do umbigo ou da parte superior do abdome. Para saber o quanto uma bola deve estar murcha para este exercício, compare as bolas da figura 4.28.

Objetivo: Manter o abdome contraído. Alongar a coluna e tonificar os glúteos e a parte posterior das coxas (isquiotibiais).

Pontos-chave: Certifique-se que a pélvis não se move e que os glúteos permanecem relaxados nos movimentos 1 e 2. Na extensão de um joelho, os glúteos trabalham enquanto você estende uma perna a 5 cm do colchonete. Tente manter o osso do quadril abaixado para proteger a pélvis. Mantenha os ombros abaixados e o pescoço alongado. Inspire profundamente pelo tórax, expire para encaixar os músculos profundos da região central.

Modificação: Se você tem problemas no joelho, evite o movimento 5, a concha. Fique, então, de lado.

Fig. 4.24

Posição Inicial

Em decúbito ventral e com uma bola pequena, não muito cheia, abaixo de sua pélvis. Coloque uma mão em cima da outra e descanse a testa sobre as mãos. Os joelhos devem estar estendidos sobre o colchonete e levemente virados, separados pela distância dos quadris. Os tornozelos em flexão plantar.

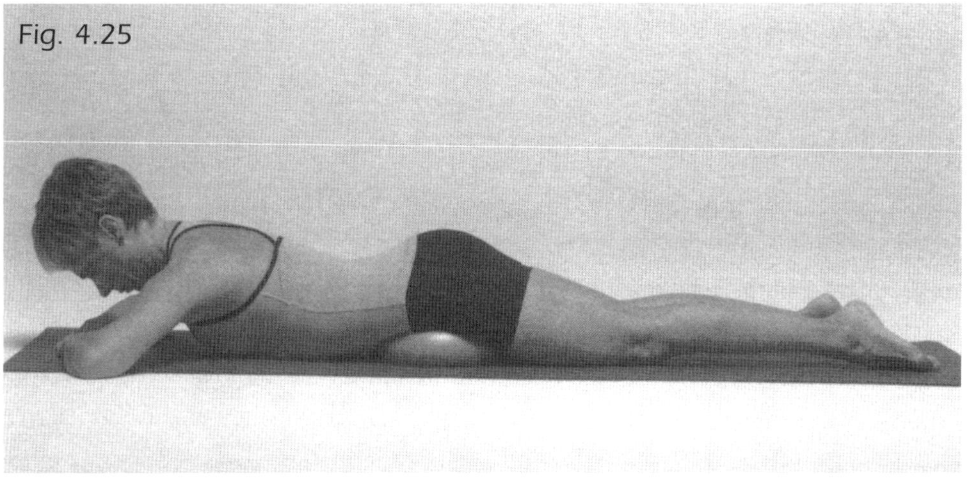

Fig. 4.25

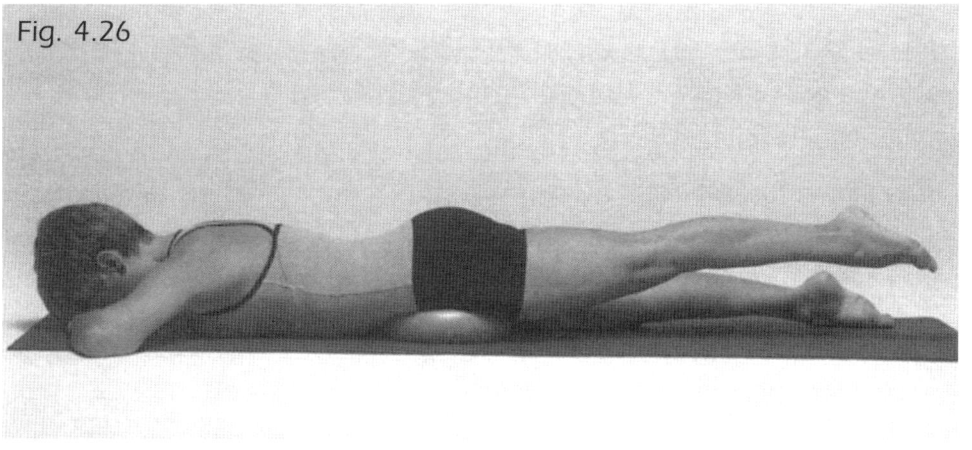

Fig. 4.26

Movimento 1: Abdome contraído

1. Inspire para alongar o corpo no colchonete. A testa permanece no colchonete (figura 4.24).
2. Expire para conduzir a região do umbigo em direção à coluna. Lembre-se que este é um movimento minúsculo.
3. Inspire para relaxar a região do umbigo.
4. Repita seis vezes.

Movimento 2: Extensão de baixa amplitude

1. Inspire para alongar o corpo sobre o colchonete. A testa deve estar descansando sobre suas mãos.
2. Expire para levantar a região do umbigo, alongar e levantar o tronco. Mantenha as mãos no colchonete. Olhe para baixo (figura 4.25).
3. Inspire e fique. Expire para alongar seu corpo e retorná-lo ao colchonete.
4. Repita seis vezes.

Movimento 3: Extensão de joelho

1. Mantenha a cabeça no colchonete, inspire para alongar o pé esquerdo sobre o colchonete.
2. Expire para levantar a região do umbigo e elevar o pé esquerdo 5 cm acima do colchonete. Mantenha o joelho bem estendido; você deve sentir os glúteos trabalharem (figura 4.26).
3. Inspire para abaixar o pé esquerdo. Mantenha os músculos abdominais contraídos. Tente manter a região do umbigo em direção à coluna.
4. Expire para levantar o pé direito à 5 cm. Mantenha o joelho estendido e a pélvis estabilizada.
5. Expire para abaixar o pé direito no colchonete.
6. Repita o movimento de seis a oito vezes com cada perna.

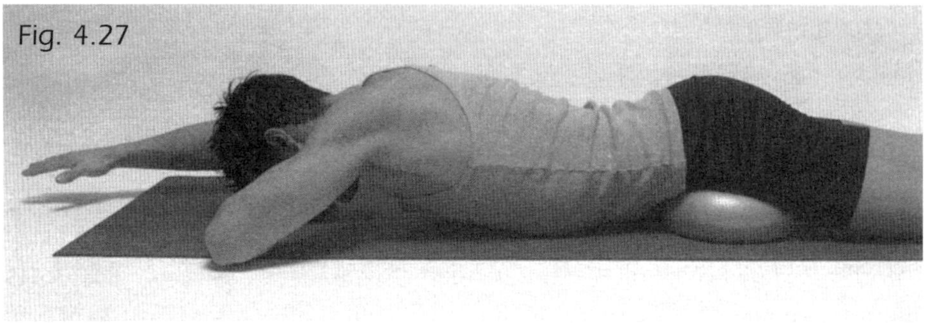

Fig. 4.27

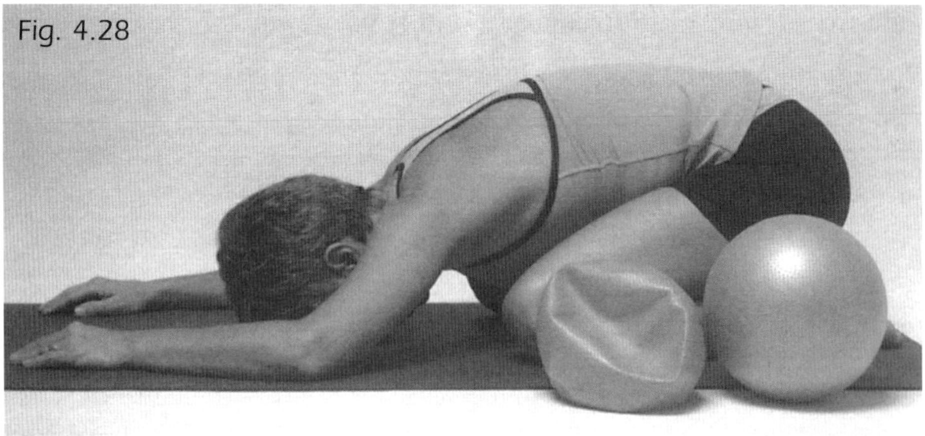

Fig. 4.28

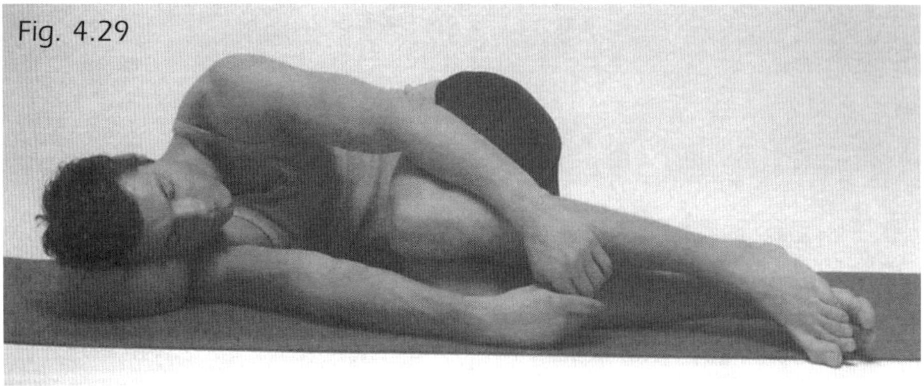

Fig. 4.29

Movimento 4: Extensão de braço

1. Inspire para deslizar as escápulas à medida que alonga o braço direito no colchonete. A outra mão permanece abaixo da testa.
2. Expire para levantar o braço direito. Certifique se a região do abdome está contraída. A cabeça deve ficar sobre o braço (figura 4.27).
3. Inspire e permaneça.
4. Expire para retornar a mão ao colchonete.
5. Repita o movimento cinco vezes no mesmo lado e depois mude os braços.

Movimento 5: Concha

1. Para alongar a coluna, empurre suas mãos contra o colchonete e levante o corpo, abaixe a coluna para que os músculos isquiotibiais fique próximos aos glúteos (figura 4.28).
2. Se você tem problemas no joelho, fique de lado, na posição fetal, uma posição conhecida como Concha Lateral (figura 4.29). Descanse a cabeça sobre os braços ou sobre uma bola.
3. Inspire pelo nariz para expandir totalmente o tórax.
4. Expire pela boca para relaxar.
5. Respire cinco vezes, devagar e profundamente.

Meio rolamento – abdominal excêntrico

O meio rolamento ensina suavemente a levar o abdome (a região do umbigo) em direção à coluna e a controlar o rolamento pela coluna com seus músculos abdominais. A bola pequena colocada na coluna lombar proporciona um *retorno da informação* sensorial. À medida que tenta levar a região do umbigo em direção à coluna para ativar os músculos abdominais, a coluna lombar faz pressão na bola. Imagine que você está levando o umbigo diretamente à bola. Então, uma pequena rotação é adicionada para desafiar os músculos oblíquos. Se você mantiver os dois exercícios suavemente, a pequena bola permanecerá no lugar, na base de sua coluna.

Objetivo: Alongar os músculos abdominais e aprender a manter esses músculos contraídos. O movimento 2 é para os músculos oblíquos. Praticar com abdome contraído e se preparar para o rolamento pela coluna.

Pontos-chave: Use a coluna lombar em vez da coluna torácica. Mantenha as escápulas abaixadas. Veja se seus músculos abdominais estão contraídos, especialmente quando você rotacionar para frente após os abdominais oblíquos.

Fig. 4.30

Fig. 4.31

Posição Inicial

Sente-se no colchonete com as pernas afastadas na distância dos quadris e paralelas. Os pés devem estar firmemente colocados no colchonete, e não muito próximo aos glúteos. Coloque uma bola pequena na base de sua coluna.

Movimento 1: Meio rolamento excêntrico

1. Inspire para alongar a coluna, deixando-a o mais ereta possível (figura 4.30).
2. Expire para baixar a região do umbigo, rotacionando a pélvis e afundando a coluna lombar na bola (figura 4.31).
3. Inspire e permaneça.
4. Expire para baixar ainda mais a região do umbigo, mantendo o tronco onde está.
5. Inspire para retornar à posição sentada.
6. Repita o movimento de seis a oito vezes.

Fig. 4.32

Fig. 4.33

Movimento 2: Meio rolamento excêntrico dos oblíquos

1. Inspire para alongar a coluna, deixando-a o mais ereta possível. As mãos devem estar em seu tórax, os cotovelos abertos e levantados.
2. Expire para levar a região do umbigo em direção à coluna e rolar as vértebras da coluna, rotacionando a pélvis com a coluna lombar.
3. Mantenha o corpo onde está, inspire para rotacionar; as mãos devem estar no tórax. (figura 4.32).
4. Expire para manter a curva C, deixando a região do umbigo para dentro quando afastar os braços (figura 4.33).
5. Inspirando, coloque suas mãos de volta ao tórax com os cotovelos levantados.
6. Expire para rotacionar a coluna de volta para o centro. Verifique se a região do umbigo está em direção à coluna.
7. Inspire para retornar à posição sentado.
8. Repita o movimento de seis a oito vezes, rodando de um lado para o outro.

Movimento de corpo inteiro

Um sistema de exercício que trabalha somente os músculos abdominais não é um regime saudável. Uma bola pode ser usada para treinar um músculo isolado; no entanto, não determinar o limite de gravidade do músculo contra uma bola, força o corpo todo a trabalhar.

Esse é o motivo pelo qual a bola é tão eficaz na reabilitação do aprendizado motor e também para aumentar a aptidão comum ou de elite.

Diferente do colchonete tradicional ou das máquinas de exercício, fortalecer os músculos sobre uma bola desenvolve aquilo que os fisioterapeutas chamam de "estruturas coordenativas", pois uma parte do corpo não está sendo treinada isolada da outra.

Os aparelhos de musculação apóiam a coluna e os glúteos, o que geralmente significa que essas áreas relaxam durante um exercício e não são recrutadas. Na bola, os músculos seguem trabalhando. A terapeuta física e pioneira em exercício com a bola Joanne Posner-Mayer usa os exercícios para ajudar seus pacientes na aquisição de habilidades motoras novas e desenvolver mais flexibilidade. Ela explica como ficar apoiado sobre um pé, enquanto pega a bola com o outro pé, escrevendo as letras do alfabeto com os dedos dos pés na superfície da bola utilizando os músculos superficiais profundos necessários para manter o corpo reto. Esse exercício desafia a propriocepção (o mecanismo de resposta sensorial que avisa o corpo onde ele está no espaço) e imita a mesma atividade motora requerida para evitar uma queda. Exercitar o corpo como um todo é essencial para alcançar um movimento funcional saudável.

Rolando como uma bola

Agora você vai rolar para cima e para baixo, massageando a coluna e controlando o movimento com os músculos abdominais. Use uma bola pequena para canalizar o movimento e manter as pernas unidas. Comece rolando apenas pela região pélvica. Se possível, mantenha os pés fora do colchonete o tempo todo, desafiando o equilíbrio e os músculos abdominais. Depois, se desejar, coloque uma bola maior sobre a perna. Ela ajudará a manter os calcanhares mais perto dos glúteos, o que é muito mais difícil. Mude a respiração e descubra o que é melhor para você.

Objetivo: Controlar o rolamento pela coluna com os músculos abdominais.

Pontos-chave: Mantenha os olhos fixos nos joelhos, para que sua cabeça não toque o colchonete durante todo o movimento. Mantenha os ombros relaxados, coloque as mãos suavemente sobre a perna. Mantenha os calcanhares próximos ao corpo. Conduza a região do umbigo em direção à coluna para que ela fique mais próxima à coluna lombar.

Fig. 4.34

Posição Inicial

Equilibre-se em uma curva C, inclinando a parte posterior do quadril. Coloque uma bola pequena entre os joelhos.

Movimento 1: Sem rolar para trás

1.Inspire para preparar. Levante os pés.

2.Expire para levar o umbigo em direção à coluna, mantendo o corpo numa curva C (figura 4.34).

3.Inspire para retornar à posição inicial, mantendo a curva.

4.Expire para conduzir a região do umbigo em direção à coluna; seus músculos abdominais o impedirá de rolar para trás. Os pés devem permanecer fora do colchonete durante todo o movimento para aumentar a dificuldade e o desafio.

5.Repita o mesmo movimento cinco vezes.

Movimento 2: Rolando como uma bola

Fig. 4.35

Fig. 4.36

Fig. 4.37

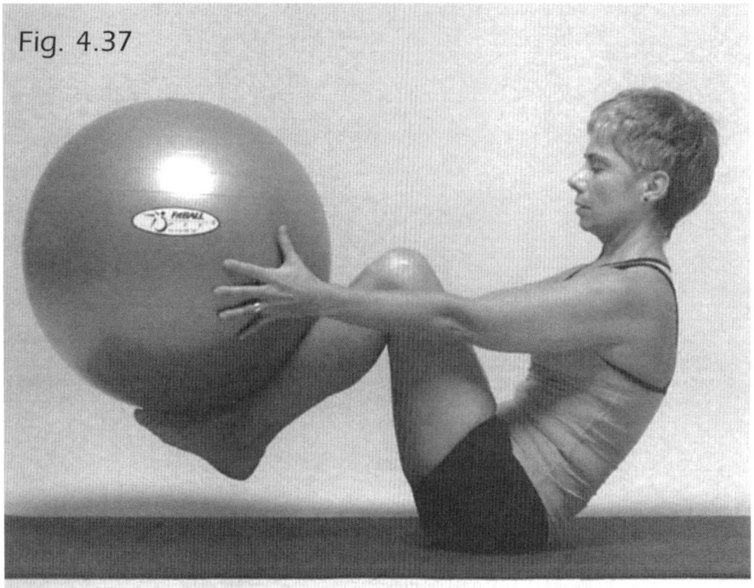

Fig. 4.38

1. Comece pela parte posterior dos quadris e levante os pés (figura 4.35). Inspire.
2. Expire para levar a região do umbigo até a coluna e role para trás, conduzido pela coluna lombar (figura 4.36).
3. Inspire para retornar à posição inicial.
4. Expire para rolar de volta. Olhe fixamente para os seus joelhos, assim a cabeça não irá para trás.
5. Repita o movimento de seis a oito vezes.

Movimento 3: Com uma bola grande

1. Coloque uma bola grande sobre as pernas (figura 4.37).
2. Mudando a respiração, inspire para tentar levar a região do umbigo até a coluna e role para trás (figura 4.38).
3. Expire para ir para frente.
4. Repita o movimento de seis a oito vezes.

Extensão e elevação com bola

Quando uma das pernas estiver elevada, e outra perna estendida, certifique-se de que sua pélvis esteja estabilizada e que a coluna lombar não esteja excessivamente em lordose. Quando o movimento for corretamente executado, a pélvis não sairá da posição neutra. No movimento 4, uma pequena bola deve ser colocada entre as escápulas para oferecer mais apoio. Use a bola como uma ferramenta de ajuda para sentir a respiração à medida que ela se expande profundamente para a caixa torácica. Assim que você dominar a coordenação para esse exercício, adicionaremos uma pequena pressão na bola, durante a expiração, para aumentar a resistência do tronco. Tente apertar a bola perto de você e sobre sua cabeça. Finalmente, tente passar a bola sob a perna levantada, cada vez que estender a outra perna.

Objetivo: Desenvolver a coordenação, a respiração e a força abdominal.

Pontos-chave: Mantenha os tornozelos, joelhos e quadris alinhados. Mantenha as pernas completamente alongadas e os dedos dos pés estendidos. A parte superior do tronco deve estar estável, não movimente os ombros de um lado para outro ou impeça-os de seguir em direção às suas orelhas quando estiver apertando a bola. Olhe sempre para frente.

Modificação: Se você tiver dor na coluna lombar, mantenha as pernas levantadas a mais de 45 graus. Se você estiver com o pescoço tenso, deixe a cabeça relaxada no colchonete.

Posição Inicial
Em decúbito dorsal, coloque os joelhos no tórax. Coloque uma bola pequena entre os joelhos.

Movimento 1: Cabeça abaixada
1. Inspire para preparar, segure a bola perto do tórax e flexione os cotovelos.
2. Expire para estender um joelho, apertando a bola (figura 4.39).
3. Inspire para trazer a perna de volta à posição inicial.
4. Expire para estender a outra perna, apertando a bola.
5. Repita o movimento dez vezes em cada perna.

Fig. 4.39

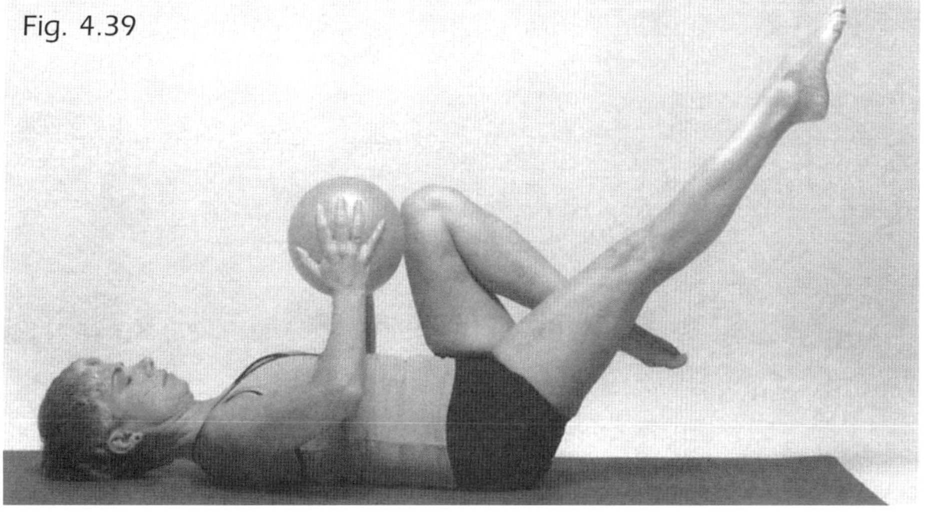

Movimento 2: Cabeça levantada
1. Inspire para preparar, segurando a bola nos joelhos (figura 4.40).
2. Expire para flexionar o tronco (figura 4.41) à medida que levanta a

Fig. 4.40

Fig. 4.41

Fig. 4.42

perna a 45 graus do chão. Coloque a bola diretamente acima do tórax e aperte. Olhe para frente (figura 4.42).
3. Inspire para retornar as pernas à posição inicial.
4. Expire para levantar a outra perna a 45 graus do chão. Aperte a bola (os cotovelos devem estar relaxados).
5. Inspire para flexionar e expire para estender o joelho.
6. Repita o movimento dez vezes em cada perna.

Movimento 3: Passando a bola sob a perna

1. Inspire para preparar, segurando a bola entre os joelhos.
2. Expire para flexionar o tronco (figura 4.43), à medida que levanta a perna a 45 graus do chão. Passe a bola sob a perna mais alta (figura 4.44). Olhe sempre para frente, e não para cima.
3. Inspire para retornar as pernas à posição inicial.
4. Expire para levantar a outra perna a 45 graus do chão. Passe a bola sob a perna.
5. Inspire para flexionar e expire para estender o joelho.
6. Repita o movimento dez vezes em cada perna.

Movimento 4: Com apoio de uma bola pequena

1. Coloque uma pequena bola entre as escápulas ou abaixo delas. Flexione o tronco e levante os joelhos, colocando as mãos neles. Não abaixe a coluna lombar em direção à bola, ao contrário, levante levemente seu corpo.Você deve sentir seus músculos abdominais contraídos nesta posição. Inspire.
2. Expire para levantar a perna esquerda. Coloque a mão direita no

tornozelo e a mão esquerda no joelho flexionado (figura 4.45).

3. Inspire para retornar as pernas à posição inicial.

4. Expire para levantar a perna direita. Coloque a mão esquerda no tornozelo e a mão direita no joelho flexionado.

5. Repita o movimento dez vezes em cada perna.

Fig. 4.43

Fig. 4.44

Fig. 4.45

Rotação do tronco

Esse exercício pode ser feito com uma bola murcha de 55 cm ou uma menor. Não deixe de fazer esse e outros exercícios oblíquos. Músculos oblíquos bem fortalecidos realçam uma "cintura fina" e aumentam o desempenho em muitos esportes. Segurar suavemente a bola entre os joelhos tem como alvo a região medial da coxa e os músculos profundos do assoalho pélvico. Tente fazer esse exercício devagar e precisamente, mantendo a pélvis na posição neutra. Pense, a cada exalação, em levar a caixa torácica em direção ao osso oposto do quadril. Mantenha os cotovelos ao lado do corpo.

Objetivo: Tonificar os músculos oblíquos e a região medial da coxa.

Pontos-chave: As mãos devem estar atrás das orelhas e os cotovelos ao lado do corpo. Mantenha o cóccix no colchonete e não permita o movimento da pélvis. Os músculos abdominais devem estar planos.

Fig. 4.46

Fig. 4.47

Posição Inicial

Em decúbito dorsal, com a bola entre os joelhos. Os pés devem permanecer no colchonete e as mãos devem estar atrás das orelhas, com os cotovelos abertos. As mãos também podem ser colocadas na testa (figura 4.46).

Movimento 1: Rotação do tronco

1. Inspire para preparar.
2. Mantenha a pélvis na posição neutra, expire à medida que coloca o cotovelo esquerdo no chão e leve a parte esquerda da caixa torácica até o outro lado do corpo, aperte a bola durante todo o movimento (figura 4.47).
3. Inspire para colocar a cabeça de volta no colchonete.
4. Expire para colocar o cotovelo esquerdo no chão e leve a parte direita da caixa torácica até o outro lado do corpo, não esqueça de apertar a bola durante todo o movimento.
5. Repita de oito a dez vezes em cada lado.

Fig. 4.48

Fig. 4.49

Movimento 2: Apenas aperte

1. Mantenha a cabeça no colchonete. Inspire e solte um pouco a bola.
2. Expire para apertar a bola, isolando a região medial da coxa, mas não deixe que o cóccix vá para frente (figura 4.48).
3. Repita o movimento oito vezes.

Movimento 3: Usando os músculos abdominais profundos

1. A partir da mesma posição inicial, coloque os três dedos mais compridos a 2,5 cm dos quadris e pressione. Mantenha a pélvis na posição neutra.
2. Inspire para soltar a bola.
3. Expire para apertar a bola suavemente, isolando a região medial da coxa. Mas não deixe que o cóccix vá para frente (figura 4.49). Você consegue sentir a tensão nas pontas dos dedos à medida que o músculo transverso do abdome é ativado?
4. Repita oito vezes o movimento.

Exercício lateral com bola pequena

Agora, fique de lado e coloque o corpo, o pescoço, os ombros, os quadris e os joelhos na mesma linha. Os quadris estarão um em cima do outro, o abdome estará contraído, estabilizando os quadris. Se possível, tente não pressionar a caixa torácica e mantenha o quadril fora do colchonete. Pressione o assoalho pélvico e inicie o movimento a partir dos músculos abdominais.

Objetivo: Fortalecer o abdome, a região medial da coxa (adutores) e lateral da coxa (abdutores) e os glúteos.

Pontos-chave: Olhe sempre para frente. Não levante muito as pernas, você não deve sentir dores no quadril. Verifique se os joelhos e os quadris estão virados para frente. Não pressione o quadril contra o colchonete. Mantenha os músculos abdominais contraídos e o tronco relaxado.

Fig. 4.50

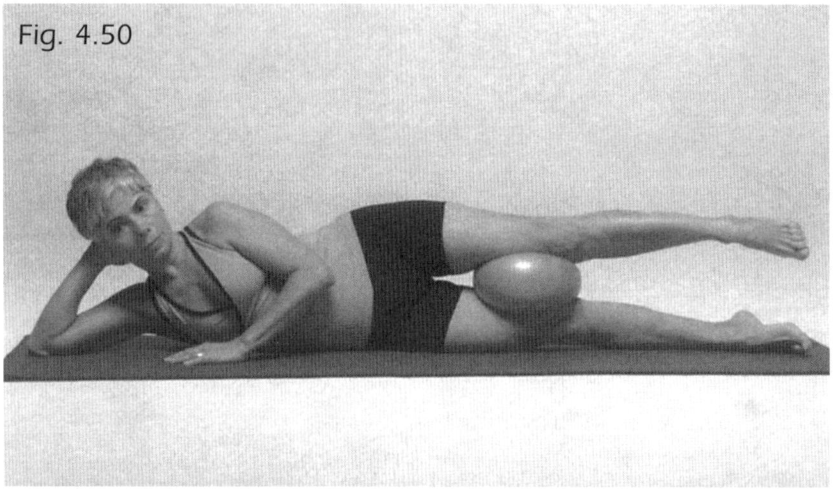

Fig. 4.51

Posição Inicial

Deite-se de lado. A cabeça pode estar apoiada nas mãos ou relaxada no colchonete. Alinhe os ombros e use a mão para apoiá-los. Levante o tronco.

Movimento 1: Aperte a bola

1. Coloque uma pequena bola entre as coxas. Inspire para preparar.
2. Expire para apertar a bola (figura 4.50).
3. Repita o movimento oito vezes. Mantenha o corpo alongado e estável.

Movimento 2: Aperte, com a perna que está em cima

1. Coloque uma bola pequena entre os tornozelos. Inspire para preparar.
2. Expire ao pressionar a perna, que está em cima, contra a bola (figura 4.51).
3. Repita oito vezes e mantenha o corpo alongado e estável.

Movimento 3: Aperte o tornozelo e levante-o

1. Mantenha a bola entre os tornozelos. Relaxe o tronco no colchonete, alongando o braço direito e colocando a cabeça sobre ele.

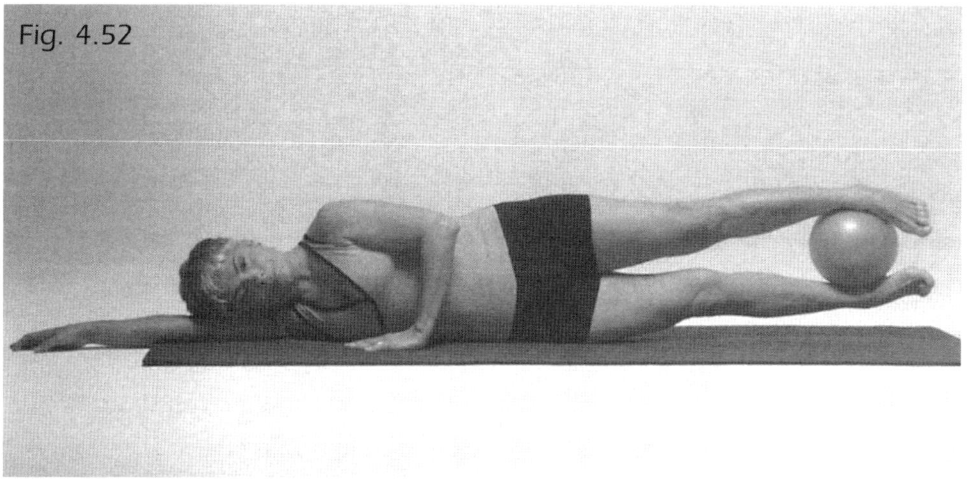

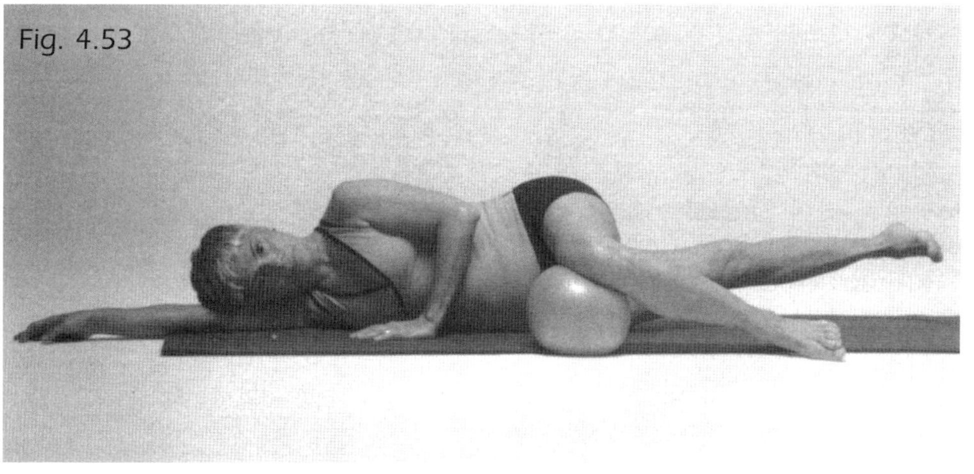

2. Inspire para preparar.
3. Expire para apertar as duas pernas e levantá-las (figura 4.52).
4. Inspire para abaixar. Expire para levantar.
5. Repita oito vezes o movimento e mantenha o corpo alongado e estável.

Movimento 4: Círculos com a região medial da coxa

1. Para isolar a parte medial que está por baixo, deixe a outra perna um pouco cruzada. Coloque a bola sob o joelho para assegurar o alinhamento da pélvis, então relaxe completamente a perna de cima e concentre-se na região medial da coxa, da perna que está por baixo.
2. Inspire para flexionar o pé de baixo. Abaixe e levante a perna. Mantenha o joelho estendido e expire (figura 4.53).
3. Então, mantendo os abdominais e o assoalho pélvico contraídos, levante um pouco a perna. Comandado pelo calcanhar, faça seis círculos rápidos e pequenos numa direção e mais seis na outra.
4. Repita toda a série do exercício lateral do outro lado.

Deslizamento dos quadris com bola pequena

Apertar uma bola pequena entre os joelhos é uma excelente maneira de sentir como o assoalho pélvico e os músculos abdominais estão contraídos. Os tendões do tríceps sural, os músculos isquiotibiais e os glúteos também estarão contraindo. Tudo o que precisa é dar um leve apertão na bola. Colocar os braços acima da cabeça tira sua base de apoio, tornando o exercício ainda mais desafiador. Este é um exercício seqüencial; tente imaginar as vértebras se movendo individualmente, e não em blocos.

Objetivo: Fortalecer os músculos abdominais, os glúteos e músculos isquiotibiais e aprender a estabilizar a região central e profunda do tronco.

Pontos-chave: Não se incline excessivamente durante o exercício. Na posição alta, mantenha uma linha reta pelos joelhos, quadris e ombros. Seu peso deve ser sustentado igualmente pelos pés.

Fig. 4.54

Fig. 4.55

Posição Inicial

Em decúbito dorsal, com os joelhos flexionados e os pés no colchonete, separados pela distância dos quadris. A pélvis deve estar na posição neutra. Coloque uma bola pequena entre os joelhos. Deixe as mãos ao lado do corpo e, os ombros, distantes de suas orelhas.

Movimento 1: Deslizamento comum dos quadris

1. Inspire para distanciar o cóccix da pélvis.
2. Expire para conduzir o umbigo e alongar a coluna lombar sobre o colchonete e então levante a pélvis. Seus glúteos devem estar juntos e um pouco apertados. O assoalho pélvico deve estar contraído (figura 4.54).
3. Inspire quando estiver em cima.
4. Expire para relaxar o tórax e desça uma vértebra por vez, pressionando a coluna lombar contra o colchonete e trazendo a pélvis de volta para a posição neutra.
5. Repita o movimento quatro vezes.

Movimento 2: Com os braços estendidos

1. Inspire para distanciar o cóccix da pélvis.
2. Expire para conduzir a região do umbigo em direção à coluna e alongar a coluna lombar sobre o colchonete para então levantar a pélvis. Seus glúteos devem estar juntos e um pouco apertados. O assoalho pélvico deve estar contraído.
3. Inspire quando estiver em cima, levantando os braços sobre a cabeça (figura 4.55).
4. Deixe os braços na mesma posição, à medida que expira e abaixa uma vértebra por vez, pressionando a coluna lombar contra o colchonete e trazendo a pélvis de volta para a posição neutra.
5. Repita o movimento quatro vezes.

Rolamento dos quadris com extensão de joelho

Esse deslizamento dos quadris é da mesma família do exercício anterior, porém, mais desafiador. Manter os quadris levantados por dez segundos ou mais, enquanto mantém a contração do músculo abdominal, é uma ótima maneira de treinar a região central e profunda do abdome. Não esqueça de respirar enquanto estiver mantendo os quadris levantados. Certifique-se se os glúteos e os músculos abdominais estão contraídos para que sua coluna lombar não fique desconfortável. No movimento 2, mantenha uma linha reta passando pelos joelhos, quadris e ombros, à medida que tira uma perna do colchonete e a estende.

Objetivo: Fortalecer os músculos abdominais, os glúteos e músculos isquiotibiais e aprender a estabilizar a região central do abdome.

Pontos-chave: Não acentue a concavidade lombar. Mantenha a pélvis estável, não deixe que os quadris abaixem ou se movimentem quando estiver estendendo o joelho. Mantenha o tronco relaxado.

Posição Inicial

Em decúbito dorsal, com os joelhos flexionados e os pés no chão, afastados pela distância dos quadris. A pélvis deve estar em posição neutra. Coloque a bola entre os joelhos e as mãos ao lado do corpo. Os ombros devem estar distantes das orelhas.

Fig. 4.56

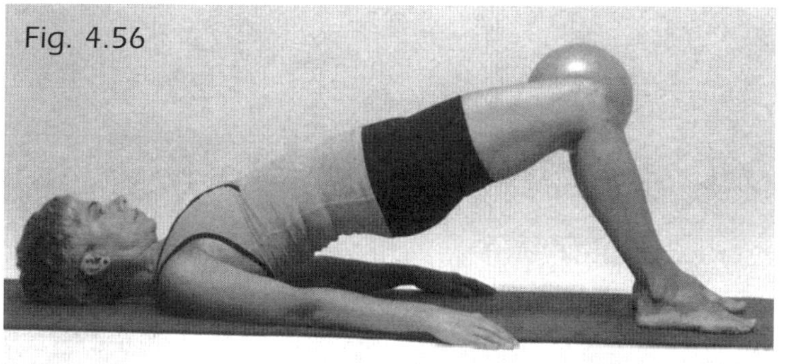

Movimento 1: Mantendo a contração

1. Inspire para distanciar o cóccix da pélvis.
2. Expire para contrair o umbigo e alongar a coluna lombar sobre o colchonete e então levante a pélvis. Seus glúteos devem estar juntos e um pouco apertados. O assoalho pélvico deve estar contraído.
3. Permaneça com a pélvis elevada por dez segundos e respire naturalmente (figura 4.56).
4. Repita o movimento quatro vezes, segurando a contração por 10 a 15 segundos. Não segure a respiração.

Fig. 4.57

Movimento 2: Com extensão de joelho

1. Inspire para distanciar o cóccix da pélvis.
2. Expire para contrair o abdome e alongar a coluna lombar sobre o colchonete e então levante a pélvis. Seus glúteos devem estar juntos e um pouco apertados. O assoalho pélvico deve estar contraído.
3. Inspire quando estiver em cima.
4. Mantenha a pélvis parada e a bola no lugar, expire para estender uma perna (figura 4.57).
5. Inspire ao retornar o pé ao colchonete.
6. Expire para estender a outra perna.
7. Inspire para retornar a perna ao colchonete.
8. Expire para relaxar o tórax e desça uma vértebra por vez, pressionando a coluna lombar contra o colchonete e trazendo a pélvis de volta para a posição neutra.
9. Repita o movimento quatro vezes em cada perna.

Abdominais curtos com bola pequena

Diversidade é importante quando treinamos os músculos abdominais. O formato da bola permite uma grande amplitude de movimento, maior que o colchonete, e a bola age como apoio para os iniciantes, pois estes ainda não estão prontos para realizar os exercícios numa bola maior. Aqui está a oportunidade dos músculos abdominais se alongarem em vez de ficarem contraídos. Não flexione muito o tronco. Leve a região do umbigo em direção à coluna e mantenha a pélvis na posição neutra à medida que segura a contração e trabalha com os oblíquos.

Objetivo: Fortalecer os músculos abdominais superiores. O movimento 3 desafia os músculos oblíquos.

Pontos-chave: Mantenha sua pélvis estável e na posição neutra. Não abaixe o quadril e tome cuidado para não acentuar a concavidade lombar. Não pressione o pescoço ou coloque o queixo sobre o tórax.

Fig. 4.58

Fig. 4.59

Posição Inicial

Em decúbito dorsal, coloque uma bola pequena entre as escápulas. Flexione os joelhos, deixe os pés alinhados com os joelhos e, estes alinhados com os quadris. Os glúteos permanecem no colchonete. Coloque as mãos atrás das orelhas para dar apoio à cabeça (figura 4.58).

Movimento 1: Abdominal

1. Inspire para preparar, mantendo os cotovelos bem afastados.
2. Expire para conduzir o umbigo em direção à coluna e levante o tronco. A parte superior das escápulas se soltará da bola (figura 4.59).
3. Inspire e permaneça.
4. Expire para abaixar, estendendo o tronco sobre a bola (figura 4.60). Sinta o abdome alongar.
5. Repita o movimento oito vezes, lenta e controladamente.

Movimento 2: Mantendo a contração

1. Inspire para preparar, mantendo os cotovelos bem afastados.
2. Expire para direcionar a região do umbigo em direção à coluna e levante o tronco. A parte superior das

escápulas se soltará da bola.

3. Inspire, expire e inspire lentamente para segurar a contração por 3 a 4 segundos (figura 4.61).

4. Expire para abaixar, estendendo o tronco sobre a bola. Sinta o abdome alongar.

5. Repita o movimento seis vezes, lenta e controladamente.

Movimento 3: Fortaleça os oblíquos

1. Coloque uma mão atrás da cabeça e alongue a outra. Inspire para preparar (figura 4.62).

2. Expire para elevar a região do umbigo à coluna e levante o corpo, colocando a mão que está livre até o joelho oposto (figura 4.63). A outra mão continua a apoiar a cabeça.

3. Inspire para abaixar, alongando o tronco sobre a bola. Sinta os abdominais sendo alongados.

4. Repita oito vezes o movimento do mesmo lado, lenta e controladamente.

5. Mude de lado e repita o exercício.

Fig. 4.60

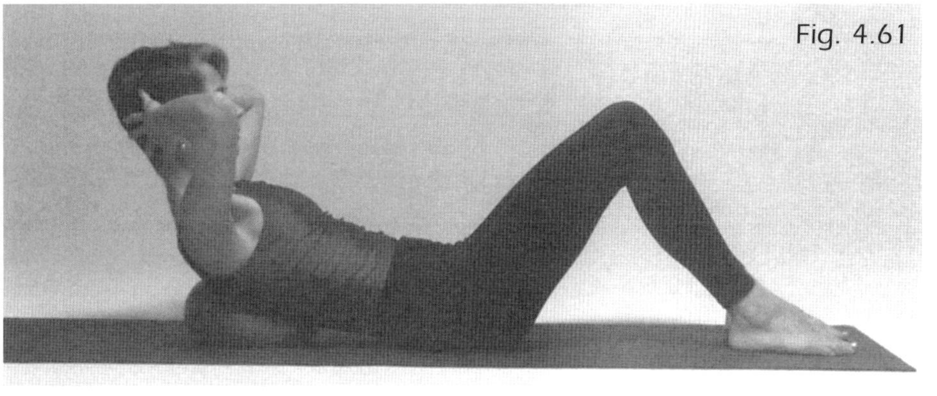

Fig. 4.61

Fig. 4.62

Fig. 4.63

Cachoeira

Os abdominais e os flexores de quadris contraem quando a bola, pequena ou grande, rola dos joelhos para os calcanhares. Prossiga apenas até onde for capaz, e evite este exercício se sentir dores na coluna lombar. Mantenha os ombros estáveis enquanto rola a bola pelo tronco e pelas pernas: não deixe que a posição das mãos na bola faça os ombros ficarem próximos às orelhas. Deixe os cotovelos levemente flexionados quando estiver empurrando a bola pelas coxas. Tente apenas não "ir de acordo com o impulso", perceba como a pélvis sai da posição neutra e a coluna lombar empurra suavemente para baixo no colchonete, à medida que você rola a bola para cima e para baixo. A bola mostra o movimento e o ajuda a se concentrar em cada osso, quando entram em contato com o colchonete.

Objetivo: Fortalecer os músculos abdominais. Os flexores de quadril também serão trabalhados neste exercício.

Pontos-chave: A bola fica em contato com o corpo. Mantenha o abdome contraído. Lembre-se de contraí-lo e de não acentuar a concavidade da coluna lombar quando estiver rolando a bola para cima ou para baixo. Mantenha os ombros relaxados.

Modificação: Evite este exercício se estiver com dores lombares. Fique com os joelhos flexionados e faça um meio abdominal concêntrico, deslizando vértebra a vértebra.

Fig. 4.64

Posição Inicial

Em decúbito dorsal, com os joelhos flexionados e os pés no chão, afastados na largura do quadril. Coloque a bola sobre sua caixa torácica, com uma mão de cada lado da bola. Certifique-se que os pés não estão muito próximos aos glúteos (figura 4.64).

Movimento: Cachoeira

1. Inspire para alongar-se sobre o colchonete

Fig. 4.65

Fig. 4.66

2. Expire para levantar a cabeça e flexione o tronco, à medida que rola a bola pelas coxas (figura 4.65), joelhos e siga até as pernas. Relaxe a cabeça (figura 4.66).
3. Inspire quando a bola estiver nos tornozelos e comece a rolá-la de volta.
4. Expire para conduzir a região do umbigo em direção à coluna e inverta o movimento, rolando uma vértebra por vez e, ao final, relaxe a cabeça no colchonete.
5. Repita o movimento de seis a oito vezes, devagar e controladamente.

Rolamentos de quadril com bola grande

Você mudará a relação do corpo com a gravidade colocando as pernas sobre uma bola grande. Tome cuidado com os dois exercícios de rolamento de quadril, pois quando retornar a pélvis no colchonete, você não deve exagerar na curvatura (concavidade) da coluna lombar, forçando o cóccix para baixo e fazendo que haja um espaço maior na coluna lombar do que o benéfico. Quanto mais longe a bola estiver de seu tronco, mais difícil será o exercício.

Objetivo: Realizar uma seqüência pelo corpo e desenvolver flexibilidade na coluna. Fortalecer os glúteos e os músculos da região central do corpo.

Pontos-chave: Não acentue a concavidade da coluna lombar: levante um pouco a pélvis se você estiver com dores moderadas na coluna lombar. Mantenha a região medial da coxa, tente não deixar as pernas afastadas da bola. Relaxe o pescoço e os ombros.

Fig. 4.67

Fig. 4.68

Posição Inicial

Em decúbito dorsal, com os tríceps surais (panturrilhas) apoiados na bola e as mãos ao lado do corpo. Mantenha as regiões mediais das coxas unidas. Certifique-se de que os ombros estão relaxados (figura 4.67).

Movimento 1: Deslizamento de quadril comum

1. Inspire para afastar o cóccix da pélvis.
2. Expire para direcionar o umbigo em direção à coluna e mantenha a coluna lombar sobre o colchonete e, então, levante a pélvis até que seu corpo esteja em linha reta e alinhado dos ombros até os dedos dos pés (figura 4.68).
3. Inspire quando estiver em cima.
4. Expire para relaxar o tórax e vá descendo uma vértebra por vez.
5. Repita quatro vezes o movimento.

Movimento 2: Mantenha a pélvis no ar

1. Inspire para afastar o cóccix da pélvis.
2. Expire para direcionar a região do umbigo à coluna e deixe a coluna lombar sobre o colchonete. Levante a pélvis até que seu corpo esteja em linha reta e alinhado dos ombros até os dedos dos pés.
3. Inspire quando estiver em cima e continue a respirar naturalmente, enquanto mantém a pélvis estável no alto por 15 a 20 segundos (figura 4.68).
4. Expire e retorne o corpo ao colchonete.
5. Repita duas vezes.

Rolamento de quadril com equilíbrio

Tente este exercício somente se estiver forte e sem dor. Quando já estiver dominando os deslizamentos de quadril, role a bola até os tornozelos, para que se crie uma linha reta e longa a partir dos ombros, passando pelo quadril, pelos joelhos, até os dedos dos pés. Lembre-se de que, quanto mais desafiante for o exercício, mais difícil será manter a contração abdominal profunda. Neste exercício testaremos a força da região central do corpo, diminuindo a base sólida de apoio. Os estabilizadores devem ser muito fortes ou então você rolará a bola totalmente para fora.

Objetivo: Fortalecer a região central do corpo e testar o equilíbrio.

Pontos-chave: Não acentue a concavidade da coluna lombar levantando muito a perna. Tenha certeza de que seu pescoço está relaxado.

Posição Inicial

Em decúbito dorsal, com as pernas ou os tornozelos sobre a bola e as mãos ao lado do corpo. Certifique-se de que os ombros estão relaxados e longe das orelhas (figura 4.69).

Movimento 1: Levante os punhos

1. Inspire para distanciar o cóccix da pélvis
2. Continue a alongar, levantando uma vértebra por vez, até que seu corpo esteja reto e os ombros alinhados com os dedos dos pés (figura 4.70).
3. Fique nessa posição, respirando normalmente e mantendo os glúteos, os adutores de quadril e os músculos abdominais contraídos.
4. Deixe os cotovelos no chão e lentamente tire as mãos e os punhos do colchonete. Respire naturalmente e segure por alguns segundos (figura 4.71).
5. Expire para relaxar o tórax, descendo uma vértebra por vez.

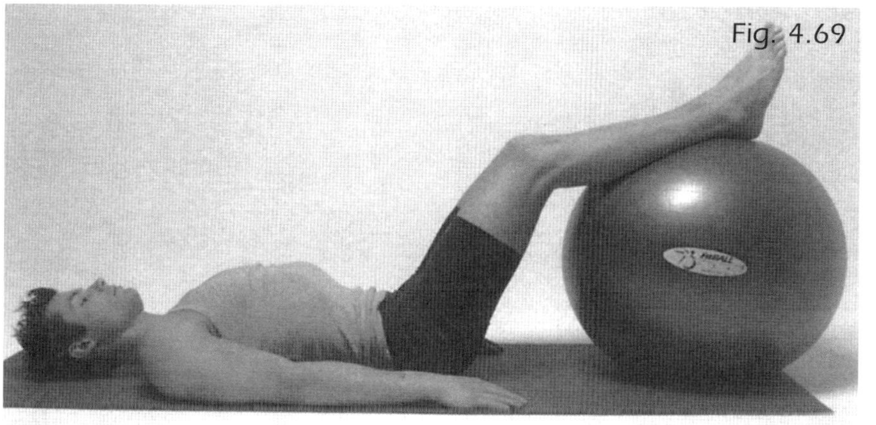

Fig. 4.69

Fig. 4.70

Fig. 4.71

Fig. 4.72

Movimento 2: Levante a cabeça

1. Siga as instruções do movimento 1, mas, desta vez, levante a cabeça para dar um desafio maior. Respire naturalmente e segure por alguns segundos (figura 4.72).
2. Coloque a cabeça no colchonete. Expire para relaxar o tórax e retorne uma vértebra por vez.
3. Repita duas vezes essa série.

Abdominal curto com bola grande

Este é um dos exercícios abdominais mais prazerosos, parece estar se exercitando sobre uma cama d´água. Uma pesquisa publicada em junho de 2000 sobre Terapia Física concluiu que os exercícios abdominais realizados numa superfície móvel são mais eficazes que aqueles feitos no colchonete, pois a instabilidade da bola aumenta a atividade muscular e a maneira como os músculos são coativados para estabilizar a coluna e todo o corpo. Use a bola para se beneficiar, observando como os músculos abdominais contraem e alongam à medida que realiza o exercício. Para fazer que fique menos difícil, coloque os pés um pouco à frente da bola, abaixando levemente os glúteos.

Objetivo: Fortalecer os músculos abdominais superiores e superficiais.

Pontos-chave: Mantenha os glúteos na mesma altura das coxas e dos joelhos. Mantenha o tronco estável. Não puxe o pescoço. Não conduza o queixo em direção ao tórax quando estiver fazendo o exercício.

Posição Inicial

Sente-se no centro da bola (figura 4.73). Lentamente, vá para frente e deixe a bola rolar. Ande até que seus ombros estejam confortáveis sobre a bola. Coloque as mãos atrás das orelhas (figura 4.74).

Movimento 1: Quadril para cima

1. Inspire para preparar, mantendo os cotovelos ao lado do corpo.
2. Expire para direcionar a região do umbigo em direção a coluna. A coluna lombar deve estar fora da bola (figura 4.75).
3. Inspire e permaneça.
4. Expire para levar o tronco até a bola.

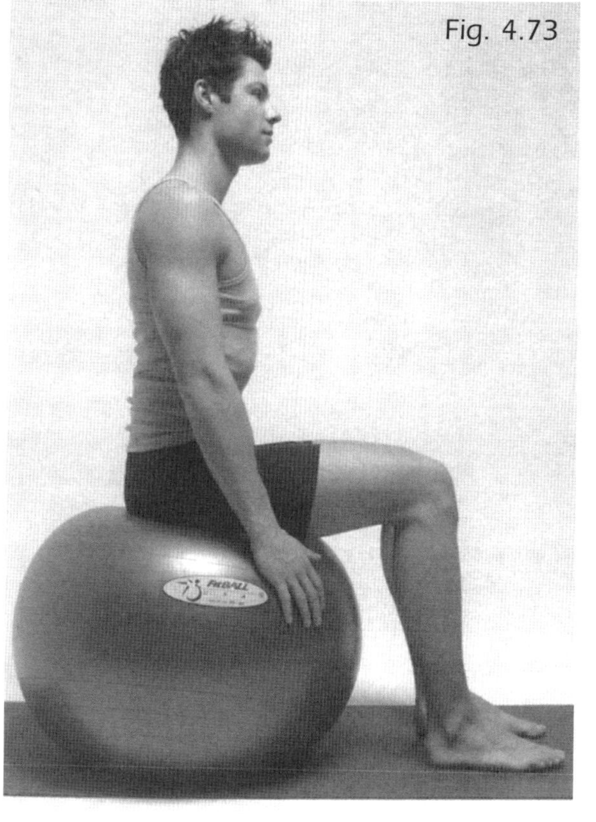

Fig. 4.73

Fig. 4.74

Fig. 4.75

Fig. 4.76

Fig. 4.77

5. Inspire e alongue a coluna, sentindo os músculos abdominais serem alongados.
6. Repita oito vezes, devagar e controladamente.

Movimento 2: Variação de abdominal oblíquo

1. Fique na mesma posição do *movimento 1*. Estenda o braço esquerdo e segure uma bola se desejar. A outra mão deve ficar na base da nuca, atrás da orelha. Inspire para preparar (figura 4.76).
2. Expire para levar o tórax até o quadril oposto, à medida que estende o cotovelo esquerdo, cruzando o corpo em direção ao joelho direito. Mantenha os quadris levantados (figura 4.77).
3. Inspire para deitar novamente sobre a bola.
4. Expire.
5. Repita oito vezes de cada lado.

Movimento 3: Alongando a coluna e os músculos abdominais

1- Afaste lentamente seu corpo da bola, segurando a cabeça, se desejar (figura 4.78). Continue afastando o corpo até que a cabeça e o pescoço estejam totalmente apoiados pela bola.

2- Suavemente, levante os glúteos para manter os quadris alinhados com os joelhos e os ombros. Afaste os braços lateralmente ou acima da cabeça e alongue a coluna e os músculos abdominais.

3- Fique nessa posição e respire por alguns segundos (figura 4.79).

4- Para sair da posição, coloque as mãos atrás da cabeça e levante-a, mantenha o queixo direcionado para o tórax (figura 4.80). Comece a aproximar seu corpo da bola como se fosse sentar. Coloque as mãos sobre a bola para ajudar. Esse movimento não é muito fácil para os iniciantes. Você deve abaixar os glúteos até o chão em vez de tentar sair do exercício.

Fig. 4.78

Fig. 4.79

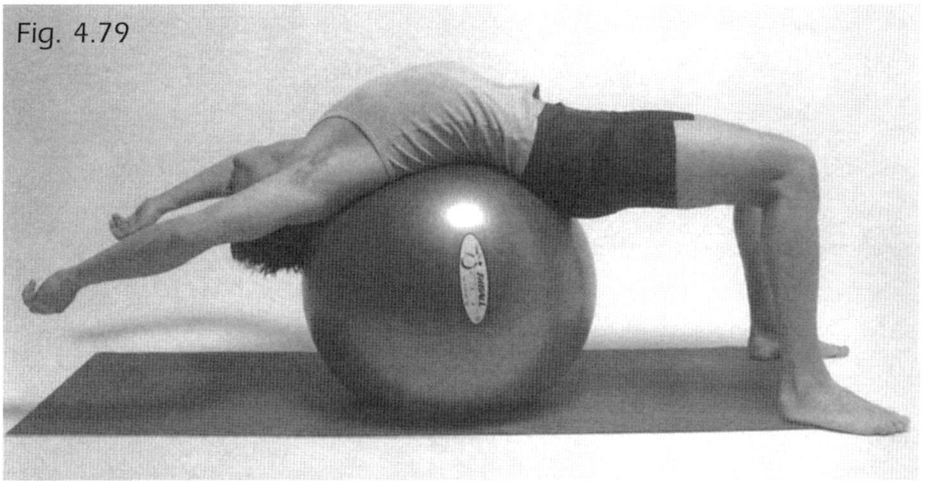

Fig. 4.80

Caminhando para cima e para baixo

Fazer um abdominal, enquanto rola a bola, fará que seus músculos abdominais se movimentem bastante. Mover o corpo da vertical para a horizontal e voltar para a vertical não é tão fácil como parece nas fotos, e essa é a razão pela qual o seguinte exercício aparece no final do capítulo "Abdominais básicos com bola". Comece este exercício com as pontas dos dedos na bola. Quando você tiver dominado a técnica deste movimento, poderá cruzar as mãos sobre o tórax e deixar os braços alongados em frente ao corpo. O movimento 3 adiciona o elemento velocidade ao exercício. Joanne Posner-Mayer usa este exercício para imitar a experiência do corpo de perder e recuperar o equilíbrio. Ela enfatiza que este exercício não é somente um isolador abdominal, mas também treina os músculos dos glúteos e os músculos profundos da região central do corpo para dar apoio à coluna.

Objetivo: Desafiar os músculos abdominais e a região central a melhorarem o equilíbrio e a coordenação.

Pontos-chave: Certifique se há atrito suficiente para o exercício: use tênis antiderrapantes. Tente não deixar os glúteos descerem e verifique se a bola se movimenta em linha reta. Proteja o pescoço com as mãos, se precisar. Mantenha os pés firmes no chão, não pressione os dedos.

Posição Inicial

Sente-se no centro da bola. Os pés devem estar em paralelo, separados pela distância dos ombros. Comece com as pontas dos dedos sobre a bola (figura 4.81).

Movimento 1: Dedos sobre a bola

1. Inspire e comece a distanciar lentamente o corpo da bola.
2. Expire para direcionar a região do umbigo em direção à coluna. Conforme a bola rola, vá descendo o corpo e continue andando (figura 4.82).
3. Continue caminhando e mantenha sempre os glúteos levantados. A coluna deve estar estendida. Ande até que seus ombros ou pescoço estejam sobre a bola. Comprima os glúteos e levante a pélvis (figura 4.83). Talvez precise apoiar o pescoço com as mãos. Inspire.

Fig. 4.82

Fig. 4.83

4. Expire para retornar e ande para trás lentamente, levantando o tronco. Continue caminhando até que esteja completamente sentado sobre a bola. Mantenha os dedos sobre a bola para ajudar.

5. Repita seis vezes esse movimento.

Movimento 2: Mãos fora da bola

1. Suas mãos devem estar cruzadas sobre o tórax ou estendidas para frente (figura 4.84). Realize o mesmo *movimento 1*, mas deixe as mãos longe da bola (figura 4.85).

2. Repita seis vezes esse movimento.

Fig. 4.84

Movimento 3: Adicione velocidade

1. Quando estiver pronto, realize o mesmo movimento, porém adicione o elemento velocidade.
2. Repita esse movimento seis vezes, movimente-se para cima e para baixo o mais rápido que puder, mantendo a boa técnica e não abaixando os glúteos na fase deitada do exercício.

Fig. 4.85

Rolando de um lado para outro

Este é um ótimo exercício para desafiar os músculos oblíquos. Comece a rotação pelo centro do corpo. Use uma bola pequena para manter a concentração no exercício e estabilizar os ombros. Sinta a rotação no tronco, não movimente apenas os braços. Mantenha a pélvis para frente.

Objetivo: Desafiar a força dos músculos oblíquos e aprimorar o equilíbrio e a coordenação.

Pontos-chave: Evite flexionar-se lateralmente. Mantenha os cotovelos e as mãos alinhados. Evite projetar os ombros para frente, mantenha-os afastados.

Posição Inicial

Sente-se no centro da bola. Afaste o corpo da bola até que fique na posição de agachamento. Segure uma bola pequena e faça movimentos circulares com os braços.

Movimento: Rolando de um lado para outro

1. Inspire e deixe a bola ficar alinhada com o tórax (figura 4.86).
2. Expire. Leve a região do umbigo em direção à coluna e rotacione. Mantenha a mesma distância entre a bola pequena e o tórax (figura 4.87).
3. Inspire para rotacionar ao centro.
4. Expire para rotacionar para o outro lado. Mantenha a mesma distância entre a bola e o tórax e mantenha os ombros para trás, não os flexione.
5. Repita seis vezes de cada lado.

Fig. 4.86

Fig. 4.87

Equilibrando a bola

Este exercício alongará os músculos isquiotibiais, à medida que fortalecer os músculos abdominais. Se existir pressão nos quadris ou nos músculos isquiotibiais, coloque a bola em um desses lugares, tornando o exercício ainda mais desafiador. Use uma bola pequena abaixo dos quadris para o ajudar a exercitar contra a parede. Quando estiver na posição, tente levantar um pouco a bola da parede. Balançar a bola com os pés fará os músculos abdominais contraírem ainda mais. Na verdade, eles podem fortalecer tanto que o músculo reto abdominal poderá expandir. Coloque os dedos sobre ou abaixo do umbigo e sinta os músculos abdominais não pressionarem seus dedos. Ao contrário, pressione a região do umbigo e segure a contração dos músculos abdominais profundos, respirando naturalmente. Os pés devem estar afastados para que a bola fique equilibrada sobre as solas.

Objetivo: Desafiar seu senso de equilíbrio e fortalecer os músculos isquiotibiais e os músculos abdominais.

Pontos-chave: Não perca o equilíbrio. Verifique se seus pés estão afastados na largura dos quadris e se a bola está equilibrada sobre a sola do pé. Se você tiver encurtamento nos isquiotibiais, deverá ficar mais longe da parede.

Fig. 4.88

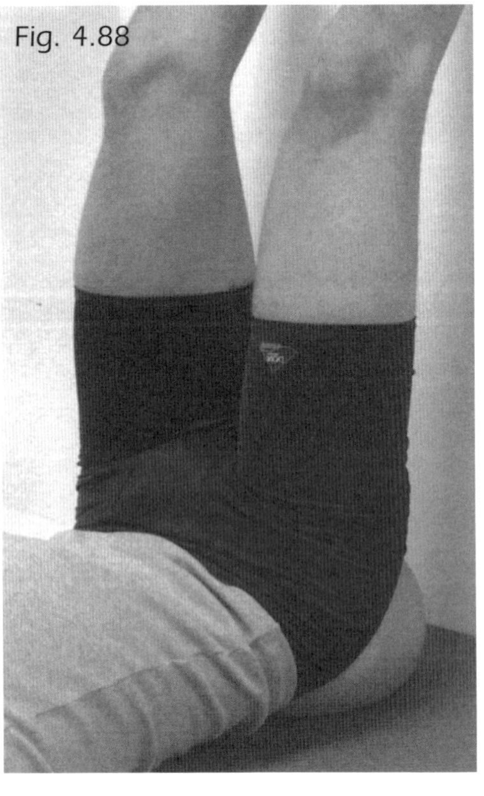

Fig. 4.89

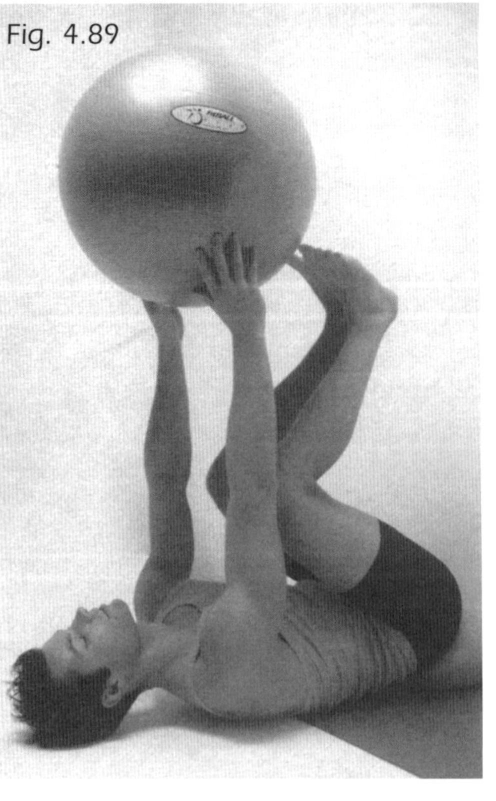

Posição Inicial

Flexione os joelhos, o máximo possível, em direção ao tórax. Segure a bola. Se tiver tensão nos músculos isquiotibiais ou na coluna lombar, coloque uma pequena bola sob os quadris (figura 4.88).

Movimento 1: Usando a parede

1. Deixe os glúteos a alguns centímetros de distância da parede. Flexione os joelhos e coloque a bola contra a parede (figura 4.89).
2. Lentamente, role a bola com os pés pela

Fig. 4.90

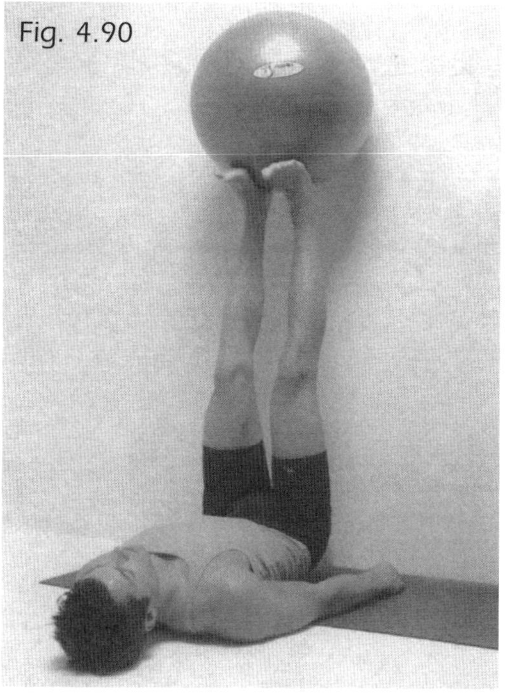

Fig. 4.91

Fig. 4.92

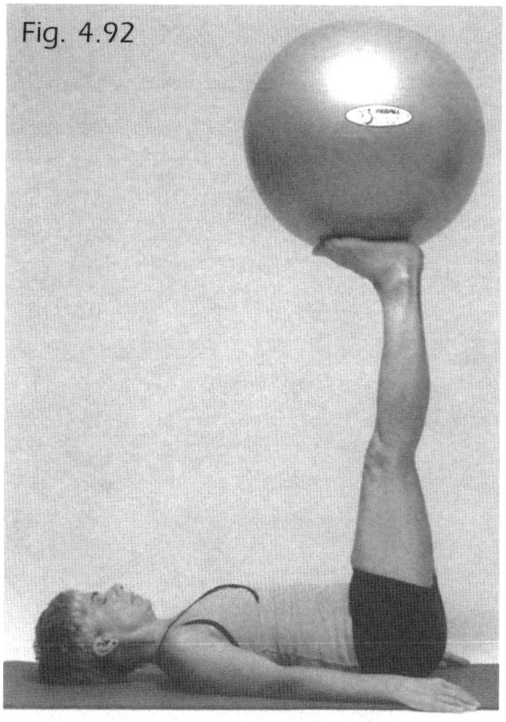

parede. Equilibre a bola o máximo que puder com as solas dos pés, que devem estar afastados na largura do quadril (figura 4.90).

3. Leve a região do umbigo em direção à coluna e fique nessa posição por alguns segundos.

4. Para sair da posição, flexione lentamente os joelhos o máximo que puder, para pegar a bola com as mãos (figura 4.91).

Movimento 2: Sem ajuda da parede

1. Em decúbito dorsal com a bola nas mãos.

Flexione os joelhos em direção ao tórax e tente lentamente colocar a bola sobre as solas dos pés, os quais devem estar separados pela distância dos quadris.

Estenda lentamente os joelhos, mantendo a bola equilibrada sobre as solas dos pés (figura 4.92).

2. Quando os joelhos estiverem completamente estendidos, tente manter o equilíbrio enquanto puder.

3. Toque levemente seus músculos abdominais. Certifique se estão contraídos e não relaxados.

4. Para sair da posição, flexione lentamente as pernas o máximo que puder, para que consiga pegar a bola com as mãos.

5. Fique de lado e lentamente levante-se.

5

Abdominais com bola: nível intermediário

Os exercícios abdominais intermediários são revigorantes e estimulantes, preparados para desafiar aqueles que completaram com sucesso os exercícios abdominais considerados básicos com a bola e não tiveram limitações ou sofreram algum tipo de lesão. A respiração continua a objetivar os músculos abdominais profundos auxiliando o corpo a se movimentar da forma mais eficaz possível. Garante a qualidade do movimento, introduzindo cada exercício com precisão e controle; até mesmo o mais formidável exercício necessita ser feito sem esforço. Quando estiver preparado, altere a base de sustentação tirando-a do colchonete. "Aumentar a alavanca" significa estender um membro ou os membros de forma que fiquem longe do eixo de rotação, tal como o centro do corpo, os ombros ou as articulações dos quadris, exigindo grande esforço nos músculos profundos abdominais. Mudando sua orientação para o centro de gravidade, expandindo a amplitude de movimentos pequenos para alongamento total e minimizando a base de sustentação você irá modificar o corpo e acelerar o processo de reeducação do músculo, mas isso apenas se a região central for forte. A sustentação dos músculos profundos deve estar bem posicionada antes dos movimentos dos membros serem adicionados, ou você simplesmente estará educando o corpo a um padrão errôneo.

Conforme os últimos capítulos, inicie com os fundamentos e repita-os freqüentemente.

Praticando os exercícios fundamentais

Os exercícios preliminares intermediários podem parecer simples para quem os vê de fora. Você não está apenas sentando na bola ou deitando no colchonete, mas, sim, utilizando os músculos do cerne para manter a coluna estável e a pélvis e o corpo em uma postura ótima enquanto adiciona pequenos movimentos nos membros. Na respiração, expanda a caixa torácica lateralmente, mas não force a inspiração. Na expiração, contraia suavemente o abdome de modo que a região do umbigo direcione a coluna para contrair os músculos abdominais. Posicionando e treinando o músculo transverso do abdome profundo e, então, permanecendo em uma contração própria por períodos longos, construirá resistência e força e fornecerá força de sustentação aos músculos profundos necessária para os exercícios desafiadores que virão a seguir.

Fundamento 1: Sentando com a coluna ereta

Sente-se de forma ereta no centro da bola e verifique sua postura no espelho ou com as mãos. Note se as três curvas naturais da coluna estão bem posicionadas, ou se estão hiperestendidas ou hiperflexionadas. Alguns saltos suaves irão ativar os músculos apropriados necessários para alinhar o corpo na posição de correta. Posner-Mayer explica que ao saltarmos na bola "a coluna irá gravitar em uma posição mais confortável e eficientemente energética (postura ideal), posicionando o centro de gravidade do corpo acima de sua base de sustentação". Os músculos abdominais também contrairão.

Objetivo: Encontrar as três curvas naturais da coluna (coluna neutra).

Pontos-chave: Ao saltar na bola, mantenha a cabeça posicionada para cima; mantenha o olhar fixo e não permita que a cabeça fique voltada para o chão. Nunca associe rotação com inclinação da coluna e saltos.

Fig. 5.1

Posição Inicial

Sente-se no centro da bola, joelhos alinhados aos calcanhares, pernas afastadas na mesma distância dos ombros, e pés paralelos.

Movimento 1: Saltos

1. Pressione os pés contra o solo, contraia as coxas e as pernas, e salte três ou quatro vezes. Respire naturalmente.
2. Pare de saltar. Verifique sua postura no espelho ou com as mãos. Você deve estar com a coluna na posição neutra. Haverá uma concavidade na coluna lombar, mas essa não será exagerada. O pescoço estará estendido, e não tenso. As orelhas estarão alinhadas com os ombros (figura 5.1).

Fundamento 2: Encontrando a região central do abdome sentado

Agora que você já encontrou a posição de coluna neutra, tentará sentar na bola enquanto segura a conexão profunda dos abdominais e repousa por dez ou vinte segundos. Mantenha a contração, adicionando pequenos movimentos das pernas e pés. Feche os olhos, altere a atenção de onde está o seu corpo no espaço e torne o exercício mais difícil. Tente posicionar os pés nas bolas pequenas murchas e mantenha o tronco e as pernas estáveis.

Objetivo: Treinar a contração dos abdominais profundos e controlar a postura ereta neutra. Ativar o sistema nervoso e o equilíbrio.

Pontos-chave: Mantenha a postura ou a pélvis neutra ao levantar os dedos dos pés, feche os olhos, ou movimente os pés ao mesmo tempo. Primeiramente, mantenha as mãos na bola. Verifique as mudanças de postura do tórax (com a cabeça apontada para frente), ou mudanças na curvatura da coluna lombar (uma hiperlordose ou hipolordose). Sentar e manter a contração profunda é uma atividade de resistência. Inicie por um curto período de tempo e aumente o tempo conforme vai fortalecendo. Respire de forma natural.

Fig. 5.2

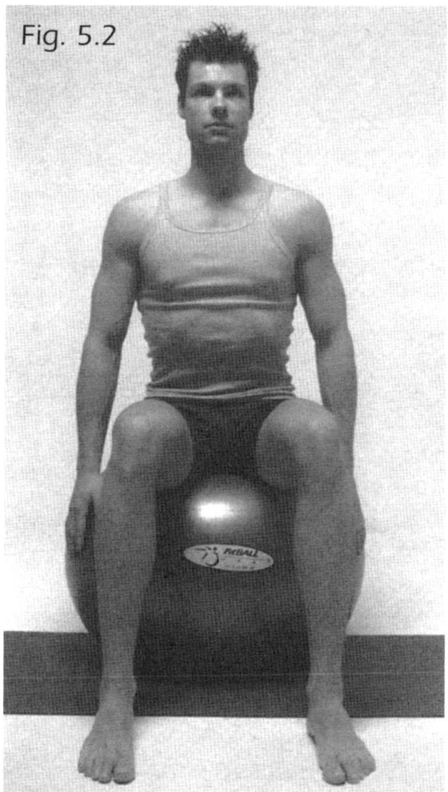

Posição Inicial

Sente-se no centro da bola, joelhos alinhados com os tornozelos, pernas afastadas na largura dos ombros e paralelas. Os pés estão firmemente plantados no chão, os dedos dos pés estão estendidos e relaxados. Os ombros estão relaxados conforme são estendidos. O queixo está levantado.

Movimento 1: Abra os olhos

1. Tente suavemente puxar a região do umbigo para cima e em direção à coluna. Inspire.
2. Expire para contrair o transverso profundo do abdome. Tente estreitar a cintura (figura 5.2).
3. Mantenha a contração abdominal por 10 ou 25 segundos, respire naturalmente.
4. Relaxe e descanse por 10 a 15 segundos.
5. Repita, segurando por 10 a 15 segundos. Respire naturalmente.
6. Relaxe.
7. Repita o mesmo movimento duas vezes com os pés juntos.

Integrar os objetivos

Você está se lembrando de integrar os fundamentos desse método em cada exercício? Isso pode ser difícil em casa, sozinho, exercitando-se apenas com o livro.

Pense em um objetivo por vez. Hoje pense em exercitar a região dos ombros. Você dominou a arte de deslizar os ombros para baixo e distantes do pescoço e da cabeça, mesmo com os braços elevados?

Em outro dia, associar o treino com o transverso do abdome poderá ser o foco. Você suavemente contrai o abdome (afundando o umbigo), toda vez que você muda de exercício ou os músculos abdominais estão relaxados, um sinal de que a conexão profunda está sendo perdida?

A respiração é algo que você precisa se concentrar em cada sessão. Evite trabalhar intensamente com a respiração ou respirar com o tórax. Na inspiração, expanda a caixa torácica lateralmente, mas não force a inalação. Encontre o ponto maior da expiração – aquele momento de calma antes da ação de inspirar.

Uma respiração apropriada ajuda no relaxamento dos músculos e alivia a tensão no corpo e utiliza a mente da mesma maneira que o corpo. Isso também nos ajuda a segurar a respiração.

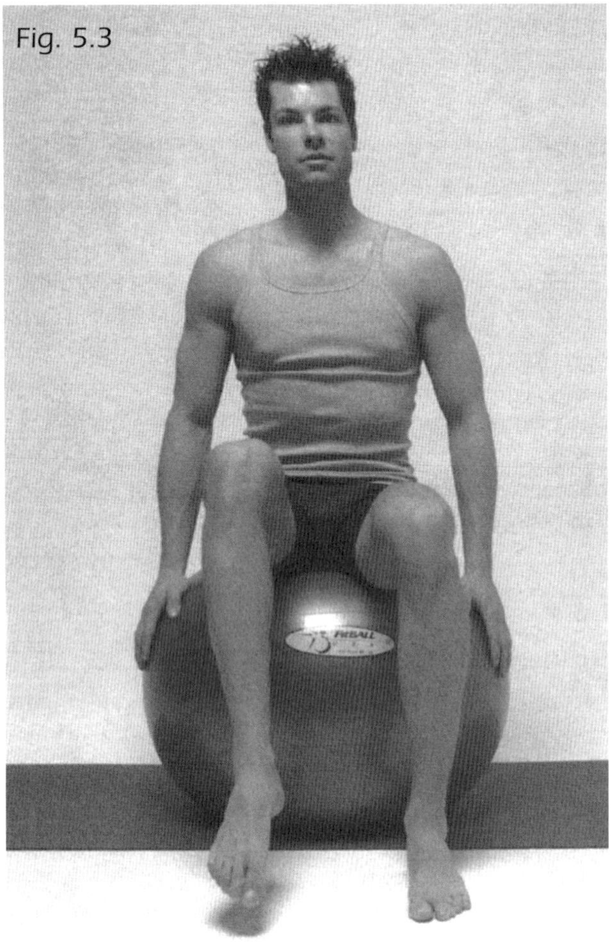

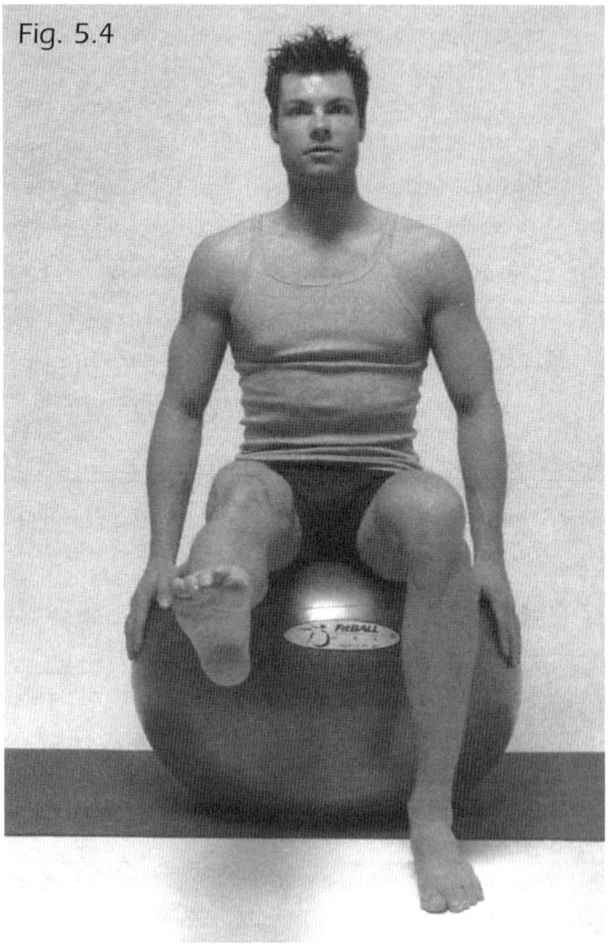

Movimento 2: Olhos fechados

1. Inicie com os pés na mesma largura dos ombros, mãos sobre a bola. Tente suavemente direcionar a região do umbigo à coluna, contraindo o abdome. Inspire.
2. Expire para ativar o transverso do abdome. Tente estreitar a cintura e não apenas contraí-la. Feche os olhos.
3. Segure a contração abdominal por 10 ou 25 segundos, respirando naturalmente.
4. Relaxe e descanse por 10 ou 25 segundos.
5. Repita, segurando por 10 ou 25 segundos. Respire naturalmente.
6. Relaxe.

Movimento 3: Levantando os dedos dos pés

1. Inspire para preparar. Suavemente, afunde a região do umbigo em direção à coluna.
2. Expire para estreitar a cintura e levante um pé do colchonete, em torno de mais ou menos três cm de altura (figura 5.3).
3. Inspire para colocar os pés no chão, mantendo a contração dos abdominais.
4. Expire e levante o outro pé, em torno de mais ou menos três cm de altura.
5. Repita este exercício quatro vezes em cada perna. Mantenha a contração, mas respire naturalmente.

Movimento 4: Levante a perna e estenda-a

1. Inspire para preparar. Contraia a região do umbigo em direção à coluna.
2. Expire para estreitar a cintura e estenda um dos joelhos (figura 5.4).
3. Permaneça dessa forma por alguns segundos, respire naturalmente e mantenha a contração dos abdominais.
4. Mantenha os pés direcionados para baixo.
5. Repita este exercício quatro vezes em cada perna, mantendo a contração, mas respire naturalmente.

Movimento 5: Pés sobre duas bolas pequenas

1. Cuidadosamente, coloque um pé, e depois o outro, em duas bolas pequenas bem murchas (figura 5.5).
2. Tente empurrar a região do umbigo em direção à coluna. Inspire.
3. Expire para ativar o transverso do abdome. Tente estreitar a cintura, e não apenas encolhê-la.
4. Tente manter o tronco e as pernas estáveis. Respire naturalmente e mantenha a contração abdominal para que você possa manter o equilíbrio o maior tempo possível.
5. Repita quatro vezes.

Fig. 5.5

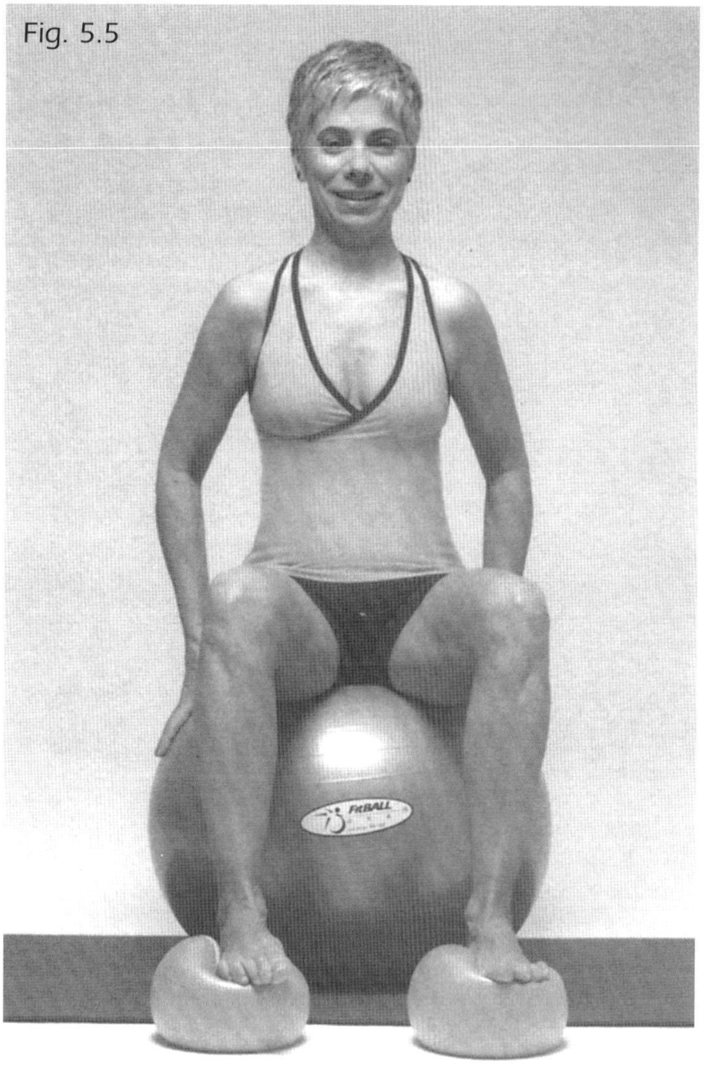

Sentando na bola

A pioneira em exercícios com a bola e fisioterapeuta Joanne Posner-Mayer acredita que a falta de resistência muscular na coluna, encontrada na maioria das pessoas hoje em dia, está provavelmente relacionada ao tempo em que ela passa sentada. Sentar em uma cadeira, ela explica, cria um apoio passivo, enquanto a bola é uma superfície dinâmica para se sentar. Sentar na bola é ativo – ajustes contínuos ocorrem com o corpo. Esses ajustes treinam a capacidade de resistência dos músculos posturais e da região medial da coxa. O fisioterapeuta e autor Rick Jemmett utiliza o ato de sentar na bola para ajudar os pacientes a treinarem as camadas mais profundas do corpo: os discos, os ligamentos e os pequenos músculos que vão de uma vértebra a outra. Esses são os ligamentos e músculos que ajudam na estabilização da coluna vertebral e no envio, para o cérebro, de informações-chave sobre as posições das articulações e dos ossos da coluna. Seus pacientes mantêm uma ótima qualidade na contração do transverso do abdome e equilíbrio, enquanto ajusta a base de apoio, abrindo e fechando seus olhos, e permanecendo em cada posição por alguns segundos ao longo do dia.

Fundamento 3: Levantamento de joelhos estabilizando os exercícios com bola pequena

Esta é uma forma altamente efetiva de treinar os músculos abdominais em uma maneira bem específica. Normalmente, o levantamento dos joelhos é feito no colchonete, mas realizar esse exercício em bolas pequenas, levemente murchas, é bem melhor. Aqui está um exemplo de um movimento pequeno que traz resultados – a instabilidade da bola causa queimação nos músculos inativos. Após dominar uma perna de cada vez, mantenha as duas pernas no ar, com precisão, tomando cuidado para manter a contração enquanto levanta o segundo joelho. Posicione os dedos das mãos a um centímetro de distância dos ossos dos quadris e pressione para sentir se você tem um bom controle no transverso do abdome. Lembre-se também de utilizar o direcionamento para dentro e a contração do assoalho pélvico.

Objetivo: Coordenar a contração do transverso do abdome.

Pontos-chave: Caso não demore para sentir a tensão sobre a ponta de seus dedos, não eleve a perna muito alto. É mais importante manter a contração do que levantar os joelhos muito alto.

Fig. 5.6

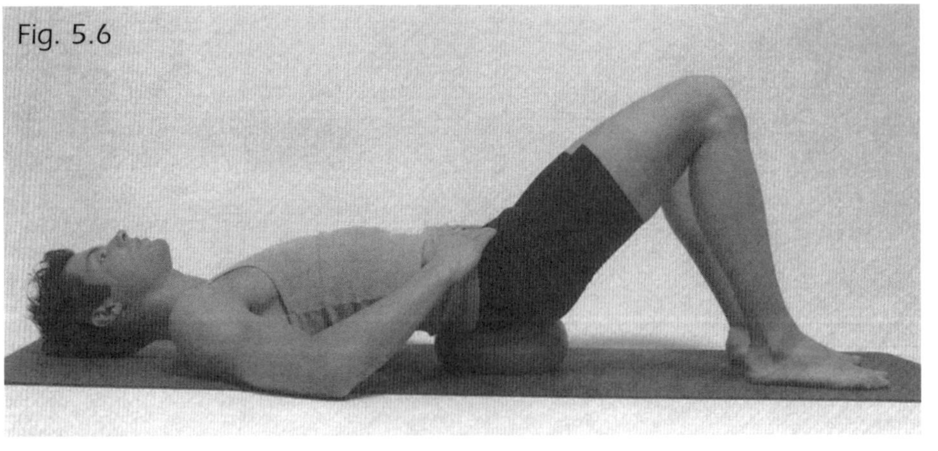

Posição Inicial

Em decúbito dorsal, levante os joelhos em direção ao tórax, e coloque uma bola pequena, suavemente murcha, embaixo dos quadris. A bola pequena permanecerá embaixo da pélvis e não da coluna lombar. Mantenha os pés na distância dos quadris, em cima do colchonete. A cabeça e os ombros estarão completamente relaxados no colchonete.

Movimento 1: Levantamento simples de joelho

1. Coloque a ponta dos dedos das mãos a um centímetro dos ossos do quadril e pressione para baixo. Inspire para preparar.
2. Expire para direcionar a região infra-abdominal, empurre o assoalho pélvico, e perceba a contração do músculo transverso do abdome .
3. Inspire para manter a contração. Você deve continuar a sentir a tensão na ponta de seus dedos (figura 5.6).

Fig. 5.7

Fig. 5.8

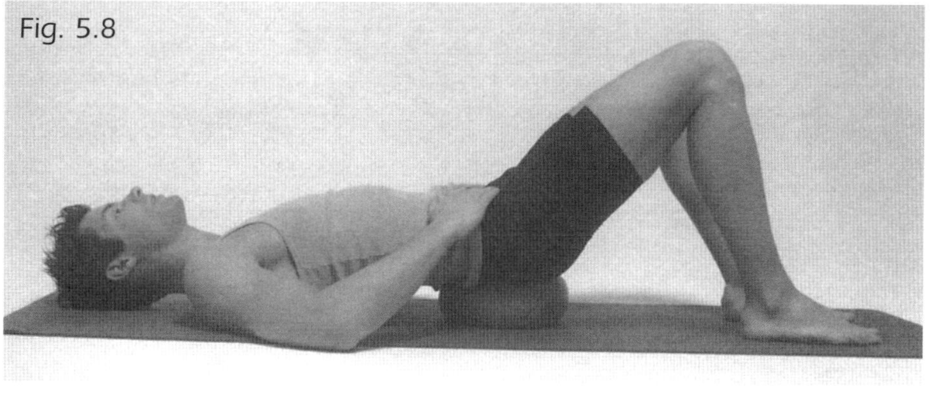

Fig. 5.9

4. Expire para levantar um joelho, dessa forma o joelho está flexionado em 90 graus com o quadril (figura 5.7).
5. Inspire para abaixar lentamente o pé do colchonete, mantendo a contração abdominal.
6. Expire para levantar o outro joelho flexionado-o até à posição de 90 graus.
7. Inspire e coloque os pés no colchonete.
8. Repita este exercício seis vezes, mantendo a contração abdominal.

Movimento 2: Levantamento duplo de joelho

1. Inicie com ambos os pés no colchonete. Inspire para preparar (figura 5.8).
2. Expire direcionando sua região infra-abdominal. Empurre o assoalho pélvico, e mantenha a contração do transverso do abdome.
3. Inspire para manter a contração. Você deve sentir a tensão nas pontas dos dedos.

Fig. 5.10

4. Expire para manter a contração e levante a perna direita até a posição de mesa (figura 5.9).
5. Inspire para manter a contração, conforme segura a perna direita no ar.
6. Expire para levantar a perna esquerda e uni-la com a direita, formando a "posição de mesa" (figura 5.10).
7. Inspire e permaneça com os joelhos e quadril flexionados em 90 graus.
8. Expire para lentamente trazer os pés para baixo no colchonete.
9. Repita este exercício de oito a dez vezes, mantendo a contração do transverso do abdome.

Os exercícios abdominais com bola: nível intermediário

Você está suficientemente aquecido para passar para os exercícios abdominais de nível intermediário? Os fundamentos fornecem mais um aquecimento em sua mente do que no seu corpo – quando se sentir preparado para iniciar o trabalho com os exercícios intermediários, utilize os exercícios abdominais básicos de 15 minutos disponíveis no final do livro ou faça alguns movimentos aeróbios suaves para aquecer os músculos. Utilize a precaução e o bom senso ao praticar os exercícios com a bola grande, pois são mais propensos a lesões do que a prática de exercícios com a bola pequena. Pratique os exercícios em seu ritmo próprio.

Rolamento completo

Esse é um exercício clássico de Pilates. A bola adicionará resistência e fará seus músculos abdominais contraírem bastante. Esse exercício também desenvolverá a percepção espacial e adicionará beleza e diversão ao exercício. Não permita que a bola distraia-o quando rolar sua coluna como uma roda. Imagine que os músculos abdominais são freios que diminuem a velocidade do rolamento da coluna. Comece com uma pequena bola presa nas mãos se desejar. Você pode manter os joelhos estendidos ou flexionados; se eles estiverem estendidos, você sentirá um alongamento revigorante nos músculos isquiotibiais. Caso tenha dores na coluna lombar, você deve evitar esse exercício.

Objetivo: Fortalecer os abdominais e aprender a manter esses músculos contraídos. Experienciar um alongamento dos músculos isquiotibiais e da coluna.

Pontos-chave: Certificar-se de que os ombros mantém-se no solo e de que não esteja hiperestendendo o tronco ao colocar a bola por cima da cabeça. Direcione a região do umbigo à coluna para fazer o rolamento. Flexione dorsalmente os pés e empurre o calcanhar para experienciar um alongamento dos músculos isquiotibiais.

Modificação: Caso você tenha uma coluna lombar muito rígida, tente flexionar os joelhos e manter os calcanhares longe dos glúteos.

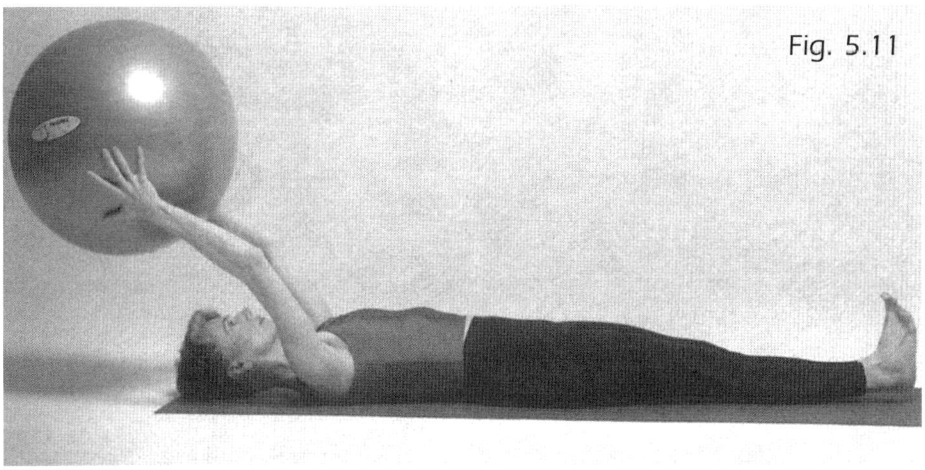
Fig. 5.11

Posição Inicial
Em decúbito dorsal, com as pernas juntas, segurando a bola entre as mãos. Mantenha a escápula no colchonete, eleve a bola acima da cabeça (figura 5.1). Caso os joelhos estejam flexionados, certifique-se de que os calcanhares não estão próximos aos glúteos.

Por que não posso praticar o rolamento?

Muitos praticantes de Pilates estão desapontados por não poderem praticar os exercícios de rolamento como, por exemplo, o rolamento completo. Os seus músculos abdominais estão fracos? Abdominais fracos nem sempre são a chave da questão. Algumas vezes, as proporções físicas do corpo impedem o praticante de realizar esse tipo de exercício; talvez as pernas sejam curtas ou não são suficientemente pesadas em comparação ao tronco. Talvez seja por isso que os homens tenham problemas com esse tipo de exercício. Eles podem precisar amarrar uma *thera band* (um largo elástico para exercícios) ao redor de seus pés ou atrás das coxas.

Alguns praticantes de Pilates têm lordose acentuada pelo fato de a rigidez dos flexores do quadril empurrarem a pélvis para frente. Se esse for seu caso, tente flexionar os joelhos, mantendo os calcanhares longe dos glúteos e prenda nos pés pesos ou ate-os com velcros.

Fig. 5.12

Fig. 5.13

Movimento: Rolamento completo

1. Inspire para levantar a bola para o alto.

2. Expire para flexionar o corpo para frente, retirando do colchonete uma vértebra por vez (figura 5.12).

3. Inspire para estender a bola em direção aos dedos do pé. Então inicie o rolamento de volta, empurre a região do umbigo em direção à coluna (figura 5.13).

4. Expire para reverter o movimento, rolando para baixo uma vértebra por vez.

5. Quando a escápula alcançar o colchonete, a bola deve ser recolocada em cima da cabeça.

6. Repita esse exercício oito vezes.

Extensão dos joelhos

Esse é um exercício gracioso de Pilates, designado a construir um centro de força bem poderoso. Há um fluxo e um controle entre o alongamento dos membros e a posição da bola. Assim como em todos os exercícios, sincronizamos a respiração com o movimento. Lembre-se de que a respiração o ajudará a relaxar e a manter-se praticando com maior eficiência os exercícios intermediários e avançados. O peso extra da bola faz os abdominais ficarem fortíssimos, portanto inicie com a bola, como se esta fosse uma sustentação para o corpo, caso seja necessário. Permita que a bola pequena dê apoio a seu corpo.

Objetivo: Fortalecer os abdominais e a coordenação. Coordenar a respiração com o movimento.

Pontos-chave: Certifique-se de que os cotovelos estão estendidos ao lado das orelhas ou um pouco à frente delas, mas não atrás. Mantenha o olhar voltado para os joelhos, e não para o teto. Não deixe as pernas abaixarem muito, a ponto de a coluna lombar ficar hiperestendida no colchonete. Não avance os ombros e não permita que a cabeça fique abaixada.

Fig. 5.14

Posição Inicial

Coloque a bola pequena entre as escápulas ou um pouco abaixo delas. Coloque seus joelhos próximos ao tórax. A coluna lombar permanecerá no colchonete. Segure a bola grande nos joelhos ou no tornozelo (figura 5.14).

Fig. 5.15

Movimento 1: Com uma bola pequena como suporte

1. Inspire para preparar.
2. Expire para direcionar a região do umbigo em direção à coluna e estenda os cotovelos e joelhos. Os braços devem permanecer em frente às orelhas e as pernas devem ficar a 45 graus ou o mais alto do chão (figura 5.15).
3. Inspire para flexionar-se com a bola e levá-la até os tornozelos.
4. Expire para estender as pernas e os braços.
5. Repita oito vezes.

Fig. 5.16

Movimento 2: Sem a bola pequena como suporte

1. Em decúbito dorsal no colchonete, empurre os joelhos contra o tórax.
2. Segure a bola grande nos tornozelos e calcanhares (figura 5.16).
3. Inspire para levantar a cabeça e flexionar-se com a bola (figura 5.17).
4. Expire para direcionar a região do umbigo à coluna e estenda os joelhos e os cotovelos. Os braços estarão em frente às orelhas e as pernas estarão em torno de 45 graus do chão (figura 5.18).
5. Inspire para flexionar-se com a bola, levando a bola até os calcanhares.
6. Expire para estender os cotovelos e joelhos.
7. Repita oito vezes.

Fig. 5.17

Fig. 5.18

Rolamento com a coluna

Este é um outro exercício desafiador dos abdominais de Pilates. Aqui será focalizado o rolamento por meio da coluna, ao mesmo tempo que você impulsiona o corpo para levantar do colchonete e, então, retornar o corpo para o colchonete. É muito importante trabalhar suavemente na impulsão e lentamente em algumas partes desse exercício. Levantar os pés do chão cria uma alavanca e faz o corpo trabalhar mais arduamente para manter o equilíbrio. Apertar a bola entre os joelhos mantém as pernas em alinhamento e ajuda a contrair o transverso do abdome.

Objetivo: Tonificar os abdominais e coordenar os movimentos do tronco.

Pontos-chave: Certifique-se de que, ao iniciar, seus pés não estejam muito próximos aos glúteos. Cuidado ao levantar os braços para que os ombros não ultrapassem as orelhas. Levante-se a partir do tórax e não da cabeça, quando impulsionar para fora do colchonete. Não se impulsione para frente.

Posição Inicial

Em decúbito dorsal, coloque os pés no colchonete. Coloque uma bola pequena entre os joelhos. Levante os braços estendidos, certificando-se de que a clavícula esteja no colchonete (figura 5.19).

Movimento 1: Pés no colchonete

1. Coloque os braços para trás da cabeça. Utilize a contração abdominal para certificar-se de que o tórax não esteja estendido ou que a coluna não esteja com concavidade acentuada (figura 5.20).
2. Inspire para direcionar os dedos para o teto.

Fig. 5.19

Fig. 5.20

Fig. 5.21

Fig. 5.22

Fig. 5.23

3. Expire conforme direciona a região do umbigo à coluna, pressione o sacro no colchonete e continue o movimento (figura 5.21). Você estará se equilibrando atrás do ílio. Os pés devem ficar no colchonete.
4. Inspire para levantar seus braços em frente à orelha. Os ombros continuarão para baixo (figura 5.22).
5. Expire para afundar a região do umbigo, e então role a coluna para baixo no colchonete, pressionando um osso por vez no chão.
6. Retorne para a posição inicial com os braços em cima da cabeça.
7. Repita seis vezes.

Movimento 2: Pernas para cima

1. A posição inicial é a mesma do *movimento 1*, com excessão das pernas, que devem ficar para cima e os joelhos flexionados. Os dedos dos pés devem estar na mesma altura ou acima dos joelhos. Coloque o braço levemente para trás (figura 5.23).

Fig. 5.24

Fig. 5.25

2. Inspire para levar as mãos em direção ao teto.
3. Na inspiração, pressione seu sacro no colchonete e continue o movimento para frente e para cima para que sua cabeça e tronco acompanhem as mãos para cima. Você estará se equilibrando apenas pelo cóccix. Os dedos dos pés devem estar na mesma altura dos joelhos ou um pouco mais altos (figura 5.24).
4. Inspire ao levantar os braços para trás para que fiquem em frente às orelhas. Os ombros devem estar para baixo. As pernas devem estar fixas (figura 5.25).
5. Expire para direcionar a região do umbigo e pressionar a coluna no colchonete, pressionando um osso por vez no chão. Mantenha os joelhos flexionados e os pés elevados.
6. Retorne para a posição inicial, braços para cima da cabeça.
7. Repita seis vezes.

Abaixe e levante

Este exercício funciona de forma mágica no infra-abdominal, mas é essencial que a coluna lombar permaneça no colchonete. Gosto de adicionar uma bola para desafiar o tronco. Lembre-se de manter os cotovelos suavemente flexionados, permitindo que a bola seja comprimida de forma correta entre os joelhos. No movimento 2, coloque as mãos em forma de diamante sob os glúteos. O transverso do abdome deve trabalhar todo o tempo; se seu abdominal relaxou, você perdeu a contração profunda. Lentamente levante e abaixe as pernas.

Objetivo: Fortalecer os músculos infra-abdominais.

Pontos-chave: Não permita que as pernas desçam de forma rápida para que a coluna não fique com excessiva concavidade no colchonete. Mantenha os glúteos no colchonete ao levantar as pernas.

Modificações: Se você não está forte o suficiente ou seus músculos isquiotibiais são muito rígidos, flexione os joelhos. Se você possui tendência para dor na coluna lombar, coloque a bola ao lado e as mãos em forma de diamante sob os glúteos para proteger a coluna lombar. Mantenha os joelhos flexionados.

Fig. 5.26

Posição Inicial

Em decúbito dorsal no colchonete, abraçando a bola pequena no tórax. Leve os joelhos até o tórax e estenda os joelhos para cima. Vire os pés para fora (eversão) e aperte as pernas (figura 5.26).

Movimento 1: Abaixe e levante

1. Inspire ao abaixar, o mais lentamente que puder, suas pernas e, ao mesmo tempo, mantenha a coluna no colchonete (figura 5.27).
2. Expire ao levantar lentamente as pernas. Aperte a bola na expiração.
3. Repita oito vezes.

Fig. 5.27

Fig. 5.28

Movimento 2: Bola pequena entre os tornozelos

1. Coloque uma bola pequena entre os tornozelos e as mãos sob os glúteos para proteger a coluna lombar (figura 5.2).
2. Inspire ao abaixar as pernas o mais lentamente que puder enquanto mantém a coluna lombar no colchonete (figura 5.29)
3. Expire ao levantar lentamente as pernas.
4 Repita oito vezes.

Fig. 5.29

Não arqueie as costas no colchonete

O praticante desta ilustração demonstra uma posição incorreta como tentativa de um exercício abdominal intermediário.

Observe a concavidade excessiva da coluna em exercícios como "extensão dos joelhos" e "para baixo e para cima". Não abaixe rapidamente as pernas. Os músculos abdominais e da coluna lombar devem trabalhar em conjunto para estabilizar a pélvis.

Flexão de quadril e bicicleta

Coloque as mãos em uma posição confortável com a ponta dos dedos voltadas para frente, para os lados ou para trás. A posição dos dedos para frente tende a evitar a tensão do trapézio superior e nos músculos dos ombros. Porém, escolha a posição que seja mais confortável. O exercício "pernas para cima" é um exercício de Pilates adaptado para o trabalho no colchonete. A bola pequena permite tirar um pouco o peso dos punhos. Tente levantar a perna para cima e para fora da bola, entretanto, não solte o peso do quadril na bola. Preste atenção sempre na região abdominal para certificar-se de que não está relaxada e de que os abdominais não estão relaxados.

Objetivo: Fortalecer os abdominais, glúteos e tríceps.

Pontos-chave: Manter os quadris planos e levantar as pernas o mais alto possível para que a pélvis fique estável. Não afunde o quadril na bola, pois fará pressão no joelho de sustentação. As mãos devem estar exatamente embaixo dos ombros, que permanecem estabilizados e não levantados.

Fig. 5.30

Posição Inicial

Sente-se em uma bola pequena e coloque as mãos diretamente embaixo dos ombros, deslocando o peso suavemente para trás. Estenda os joelhos, pressionando os quadris para cima e contraia os glúteos. Deslize os ombros para baixo (figura 5.30).

Movimento 1: Pernas para cima

1. Inspire e expire para impulsionar uma perna para cima (figura 5.31). Os tornozelos estão em flexão plantar.
2. Inspire para flexionar dorsalmente o tornozelo e, suavemente, desça a perna, e pressione o calcanhar para frente (figura 5.32).

Fig. 5.31

Fig. 5.32

Fig. 5.33

Fig. 5.34

3. No final do movimento expire conforme faz a flexão dorsal do tornozelo e, então, levante a perna.
4. Inspire para flexionar o pé e trazer a perna para baixo.
5. Repita três vezes em cada perna.

Movimento 2: Bicicleta sobre a bola

1. Apóie as mãos no colchonete, na direção dos ombros, e sente-se em uma bola pequena. Desloque o peso do tronco suavemente para trás, nos braços. Flexione um joelho e depois o outro, trazendo os joelhos em direção ao tórax. Pare quando encontrar o ponto de equilíbrio.
2. Faça um suave e lento movimento de bicicleta (figura 5.33). Respire naturalmente.
3. Pratique um pouco em uma direção e depois inverta a direção da bicicleta, direcionando a perna em direção à você.

Movimento 3: Pernas em V

1. Inverta a posição das mãos, abduzindo os dedos para aumentar a base de contato no colchonete. Transfira o peso do tronco para trás. Inspire.
2. Expire para flexionar os joelhos até o tórax e estenda os dois joelhos.
3. Inspire e afaste as pernas (figura 5.34).
4. Expire e feche as pernas.
5. Repita seis vezes.

Rotação do tronco

Este é um ótimo exercício para fortalecer os abdominais e o rotator do tronco. Não esqueça de contrair os abdominais ao levantar as pernas no centro. No movimento 2, os joelhos estendidos tornam-se uma longa alavanca. Aumentar a alavanca faz os músculos da região central do tronco trabalharem mais para levantar as pernas e estabilizá-las.

Objetivo: Desafiar e fortalecer os abdominais e os músculos da região medial da coxa, adicionando uma alavanca longa.

Pontos-chave: Caso tenha dor na coluna, mantenha o movimento 1 e evite o movimento 2. Os ombros e o tronco devem permanecer no colchonete durante todo o exercício.

Fig. 5.35

Fig. 5.36

Posição Inicial

Em decúbito dorsal, no colchonete, com a bola pequena entre os joelhos, estenda os braços lateralmente em forma de T. Palmas para baixo.

Movimento 1: Joelhos flexionados

1. Aperte suavemente a bola entre os joelhos e levante-os (figura 5.35).
2. Abaixe lentamente os joelhos para o lado. Os joelhos não precisam necessariamente tocar o chão. Mantenha os ombros no colchonete (figura 5.36). Respire naturalmente durante o exercício.
3. Aperte os abdominais para levantar as pernas até o centro.
4. Abaixe lentamente os joelhos para o outro lado.
5. Repita algumas vezes para cada lado, respire naturalmente e movimente-se em seu próprio tempo.

Fig. 5.37

Fig. 5.38

Movimento 2: Pernas estendidas

1. Estenda os joelhos e aperte a bola com a região medial dos pés (figura 5.37).
2. Desça lentamente as pernas para um lado, mantendo os joelhos estendidos (figura 5.38). Mantenha os ombros no colchonete.
3. Segure essa posição, contraia os abdominais para retornar as pernas até o centro.
4. Desça lentamente as pernas para o outro lado.
5. Repita algumas vezes de cada lado, respire naturalmente.

Círculos com as pernas, bicicleta e tesoura no ar

Adaptado do pequeno arco de tonel, um aparelho de Pilates, esses são exercícios abdominais excelentes que até mesmo iniciantes conseguem realizar. Lembra-se de que, quando criança, levantávamos os quadris apoiados nos cotovelos e pedalávamos no ar? A bola pequena traz com esse exercício a amplitude para todos, até mesmo para aqueles que têm a coluna lombar e os isquiotibiais encurtados. Permanecendo de forma confortável embaixo da pélvis, a bola pequena alivia a pressão na coluna lombar e elimina a propensão de contrair excessivamente os músculos do pescoço. Observe que a bola pequena está localizada na parte de trás da pélvis, e não na convexidade da coluna lombar. Não é necessário segurar a bola nas mãos, deixe-as no colconhete.

Objetivo: Fortalecer os abdominais, as pernas e os glúteos.

Pontos-chave: Não faça círculos exagerados e não afaste muito as pernas para manter um bom equilíbrio. Mantenha a contração do transverso do abdome e da coluna para que ela se mantenha na bola. Os círculos com a bola mostram qual o lado dos músculos do abdome é mais fraco.

Fig. 5.39

Posição Inicial

Em decúbito dorsal no colchonete, levante os quadris para que possa colocar a bola pequena sob a pélvis. Traga os joelhos flexionados em direção ao tórax. Deixe o peso corporal afundar a bola. O pescoço deve permanecer relaxado, você não deve sentir nenhuma pressão sobre ele.

Movimento 1: Afasta e fecha

1. Estenda os joelhos, com flexão plantar do tornozelo. Suavemente, direcione a região do umbigo à coluna (figura 5.39).
2. Inspire para afastar as pernas na largura dos ombros (figura 5.40).
3. Expire para fechar as pernas.
4. Repita oito vezes.

Fig. 5.40

Fig. 5.41

Movimento 2: Círculos com as pernas

1. Estenda as pernas com os pés alongados. Direcione suavemente a região do umbigo à coluna (figura 5.41).
2. Inspire para trazer as pernas mais perto da cabeça, mantendo os joelhos estendidos.
3. Expire para fazer movimentos circulares com as pernas (figura 5.42).
4. Repita cinco vezes e depois inverta a direção dos círculos.

Fig. 5.42

Movimento 3: Tesoura no ar

1. Com as pernas para cima, tornozelos em flexão plantar. Direcione suavemente a região do umbigo à coluna.
2. Inspire para preparar.
3. Expire para elevar a perna esquerda, enquanto a perna direita continua no colchonete (figura 5.43).
4. Inspire para inverter as pernas.
5. Expire para elevar a perna direita, enquanto a perna esquerda continua no colchonete.
6. Inspire para inverter as pernas.
7. O trabalho com a perna direita e com a perna esquerda é uma série. Repita seis vezes.

Fig. 5.43

Fig. 5.44

Movimento 4: Bicicleta no ar

1. Com o joelho estendido e as pernas elevadas, tornozelos em flexão plantar. Suavemente, direcione a região do umbigo à coluna.
2. Respirando naturalmente, desça uma perna e inicie o movimento da perna como se estivesse pedalando (figura 5.44).
3. Inverta a direção que estiver pedalando e repita cinco vezes em cada direção.
4. Mude o lado da rotação por cinco giros. Respire naturalmente.
5. Para sair desse exercício, flexione os joelhos, role para um lado e tire a bola de baixo de seu corpo.

Sobre os cotovelos

Nesse exercício as pernas se movimentam devagar e são mantidas pela contração dos músculos abdominais. Normalmente esse exercício é realizado no colchonete, mas a instabilidade da bola força o transverso do abdome. Se você ainda não está com os ombros suficientemente fortes, esse exercício pode sobrecarregar seu pescoço. No movimento 3, utilize uma bola murcha de 45 ou 55 cm e tente não jogar o peso corporal nos ombros em nenhum dos movimentos. Mantenha os joelhos flexionados e, se for muito difícil estendê-los, apenas equilíbreos.

Objetivo: Manter o abdome forte e estável enquanto adiciona suavidade e precisão nos movimentos das pernas.

Pontos-chave: Manter os músculos abdominais profundos contraídos no decorrer dos exercícios. Não colocar o peso nos ombros. Permita que os braços e as pernas sejam um forte apoio no chão.

Fig. 5.45

Fig. 5.46

Posição Inicial

Em decúbito dorsal, com a pélvis apoiada na bola. Apóie os cotovelos no colchonete. Não deixe o peso nos ombros. Os pés devem ficar no colchonete.

Movimento 1: Flexione e estenda os joelhos

1. Inspire para preparar. Expire para contrair os músculos do abdome e levante as pernas com os tornozelos em flexão plantar para fora do colchonete (figura 5.45).
2. Inspire e permaneça na posição.
3. Expire para estender os joelhos (figura 5.46).
4. Inspire para flexionar os joelhos.
5. Repita de seis a oito vezes e mantenha a contração do músculo transverso.

Fig. 5.47

Fig. 5.48

Movimento 2: Afaste e junte as pernas

1. Inspire para preparar. Expire para contrair os músculos do abdome e levantar as pernas.
2. Inspire para afastar as pernas na largura dos ombros (figura 5.47).
3. Expire para fechar a perna.
4. Repita de seis a oito vezes, mantendo a contração do transverso do abdome.

Movimento 3: Nas mãos

1. Sente-se em uma bola meio murcha de 45 ou de 55 cm. Movimente os quadris na bola até colocar as mãos no colchonete, alinhadas com os ombros, com os dedos apontados para frente, para lateral ou para trás. A coluna lombar fica sobre a bola e o peso sobre as mãos. Os ombros estarão para baixo.
2. Mantenha a contração aproximando a região do umbigo à coluna ao levar as pernas para cima em 90 graus. Inspire.
3. Expire para estender os joelhos (figura 5.48).
4. Inspire para flexionar os joelhos. Expire para estender os joelhos.
5. Repita seis vezes.

Coxas e tornozelos contraídos na posição "Cisne"

Nesse exercício, rolaremos pelo abdome para alongar a parte frontal do corpo. Apertando a bola pequena entre as coxas e os tornozelos, trabalharemos músculos diferentes das pernas e dos glúteos. Nos movimentos 1 e 2, tente manter os glúteos relaxados e concentre-se em isolar apenas os músculos da região medial da coxa e os músculos do assoalho pélvico. Nos movimentos 3 e 4, exercitaremos os glúteos. No "Cisne" com sustentação, não flexione o tronco saindo do solo, concentre-se em estender o tronco. Leve a região do umbigo em direção à coluna e utilize os músculos estabilizadores profundos do abdome para manter a pélvis. Imagine-se afastando o cóccix dos ossos dos quadris.

Objetivo: Fortalecer os músculos abdominais, os músculos da coluna, a região medial da coxa e os isquiotibiais.

Pontos-chave: Mantenha a nuca e o tronco estendidos. Relaxe os ombros e a coluna. No Cisne sustentado, mantenha os cotovelos flexionados. Certifique-se de que o abdome mantém-se contraído.

Fig. 5.49

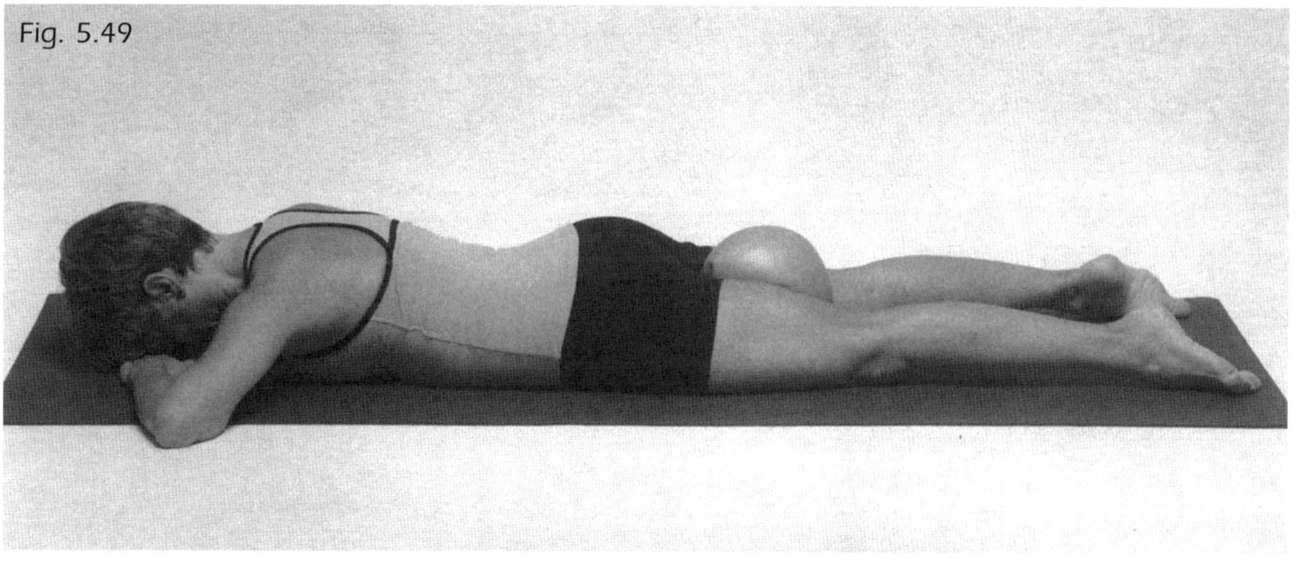

Posição Inicial

Em decúbito ventral, coloque uma mão sobre a outra; a testa apóia-se nas mãos. Os joelhos estarão estendidos no colchonete e afastados na distância do quadril. Os dedos dos pés estarão estendidos com os tornozelos em flexão plantar.

Movimento 1: Pressione a bola com as coxas

1. Coloque a bola pequena entre as coxas. Inspire para preparar.
2. Expire para contrair o abdome e os músculos do assoalho pélvico, e suavemente aperte a bola entre as coxas (figura 5.49).
3. Inspire para relaxar e expire para contrair.
4. Repita oito vezes.

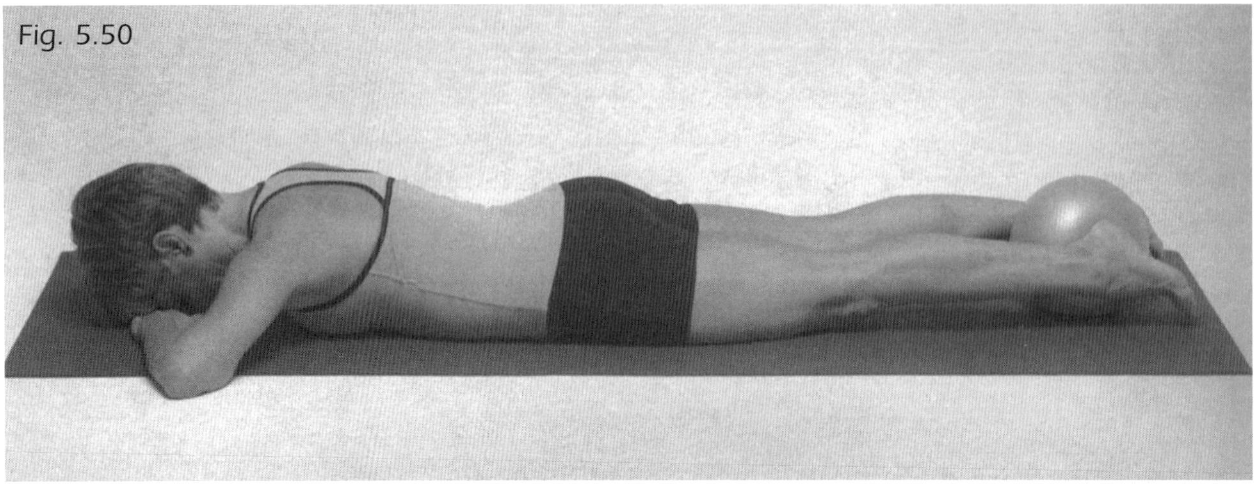

Fig. 5.50

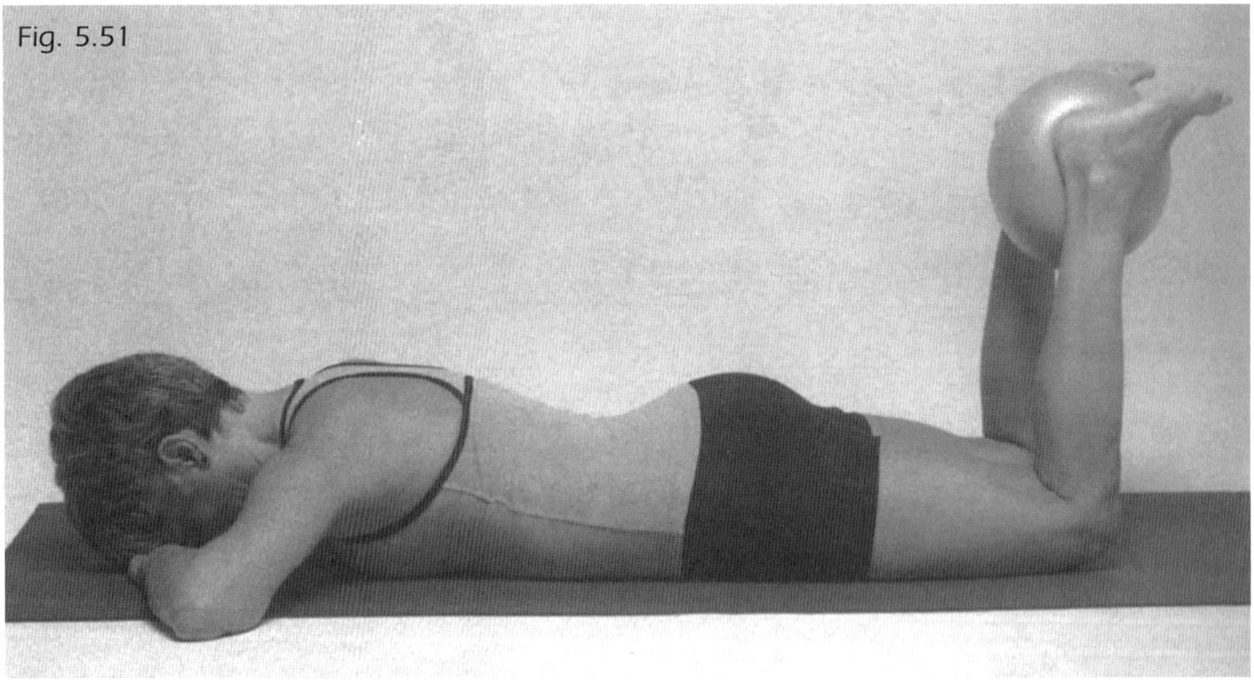

Fig. 5.51

Movimento 2: Aperte a bola nos tornozelos

1. Coloque uma bola pequena entre os tornozelos.
2. Expire para contrair o abdome e os músculos do assoalho pélvico e, suavemente, aperte a bola (figura 5.50).
3. Inspire para liberar a contração e expire para apertar a bola.
4. Repita oito vezes.

Movimento 3: Levante e pressione a bola

1. Coloque a bola pequena entre os tornozelos. Inspire conforme estende os joelhos.
2. Expire para assegurar a contração do abdome e dos músculos do assoalho pélvico conforme aperta e levanta a bola.
3. Inspire para liberar a contração e abaixar a bola do colchonete. Expire para apertar e levante a bola.
4. Repita oito vezes.

Movimento 4: Joelhos flexionados e região medial da coxa contraída

1. Coloque a bola pequena entre os tornozelos. Inspire.
2. Expire para contrair o abdome, estender e flexionar os joelhos.
3. Mantenha os joelhos flexionados, inspire e relaxe; expire para contrair o músculos do assoalho pélvico e aperte a bola (figura 5.51).
4. Repita oito vezes.

Movimento 5: Cisne apoiado

1. Leve a bola até o tórax. As mãos estarão apoiadas em frente aos ombros; cotovelos no colchonete e paralelos ao corpo. Mantenha a cabeça alinhada com a coluna, mas suavemente para baixo (figura 5.52).
2. Inspire para colocar os ombros para baixo.
3. Expire para contrair profundamente o abdome e estenda a coluna para frente. Estenda parcialmente os cotovelos, mas mantenha os cotovelos flexionados conforme alonga a coluna (figura 5.53).
4. Inspire para manter o tronco para cima.
5. Expire para retornar à posição inicial. Relaxe os músculos cervicais.
6. Repita cinco vezes.

Movimento 6: O gato

1. Coloque os joelhos no chão e as mãos em frente ao corpo. Distribua o peso igualmente nos quatro membros. Deixe as mãos embaixo dos ombros e os joelhos embaixo dos quadris. Inicie com a coluna bem alongada.

Fig. 5.52

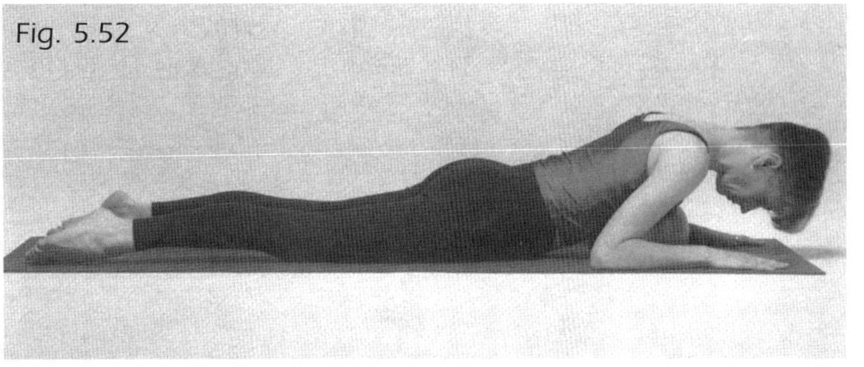

Fig. 5.53

Fig. 5.54

2. Inspire para preparar.
3. Expire para contrair fortemente o abdome e flexionar o tronco. A cabeça fica voltada para o chão (figura 5.54).
4. Inspire para retornar à posição com a coluna alongada.
5. Repita cinco vezes.

Flexione e estenda os joelhos

Os abdominais contraem muito nesse exercício, assim como os adutores e abdutores de quadril. Na expiração, utilize os abdominais conforme estende os joelhos. Quanto mais estender os joelhos, mais trabalhará os abdominais. Mantenha a contração dos músculos abdominais para manter a pélvis estável e a coluna lombar estendida. Caso sinta desconforto na coluna lombar, mantenha as pernas no alto e utilize uma bola pequena.

Objetivo: Fortalecer os abdominais, pernas, quadris, músculos da região medial da coxa.

Pontos-chave: Mantenha o tronco alinhado com os ombros. Mantenha a estabilidade nos abdominais.

Fig. 5.55

Posição Inicial

Apóie-se no sacro com os joelhos flexionados. Segure a bola entre os tornozelos e aperte-a. Flexione os joelhos conduzindo as pernas para frente. Apóie-se firmemente com os cotovelos e não deixe a cabeça abaixar (figura 5.55).

Movimento 1: Flexione e estenda os joelhos

1. Inspire para preparar.
2. Expire conforme estende os joelhos a 45 graus ou mais alto do chão (figura 5.56).
3. Inspire para direcionar a bola à sua frente
4. Expire para estender os joelhos.
5. Realize esse exercício de seis a oito vezes.

Movimento 2: Com rotação da bola

1. Estenda os joelhos a 45 graus ou mais alto do chão.
2. Mantenha os joelhos estendidos, vire a bola de um lado para o outro e respire naturalmente (figura 5.57).

Fig. 5.56

Fig. 5.57

Abdominal invertido

Esse é um exercício bastante eficaz que objetiva fortalecer a região infra-abdominal. Você "abraçará" a bola com a parte posterior da perna e coxa e depois irá levantá-la em direção ao tórax. Conforme levanta suavemente os quadris do colchonete, mantenha a coluna lombar abaixada.

Objetivo: Fortalecer a região infra-abdominal e os músculos isquiotibiais.

Pontos-chave: Manter a coluna lombar para baixo ao levantar as pernas. Tentar manter os ombros, pescoço e maxilar relaxados.

Fig. 5.58

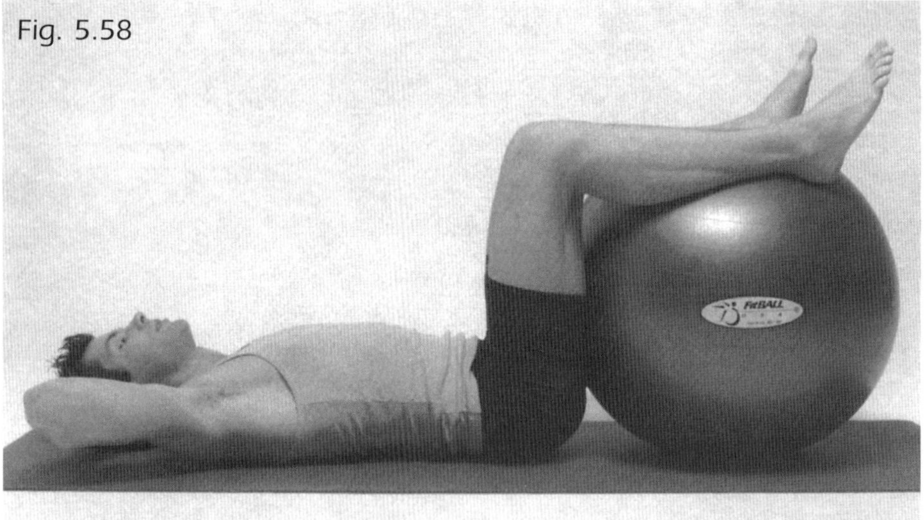

Fig. 5.59

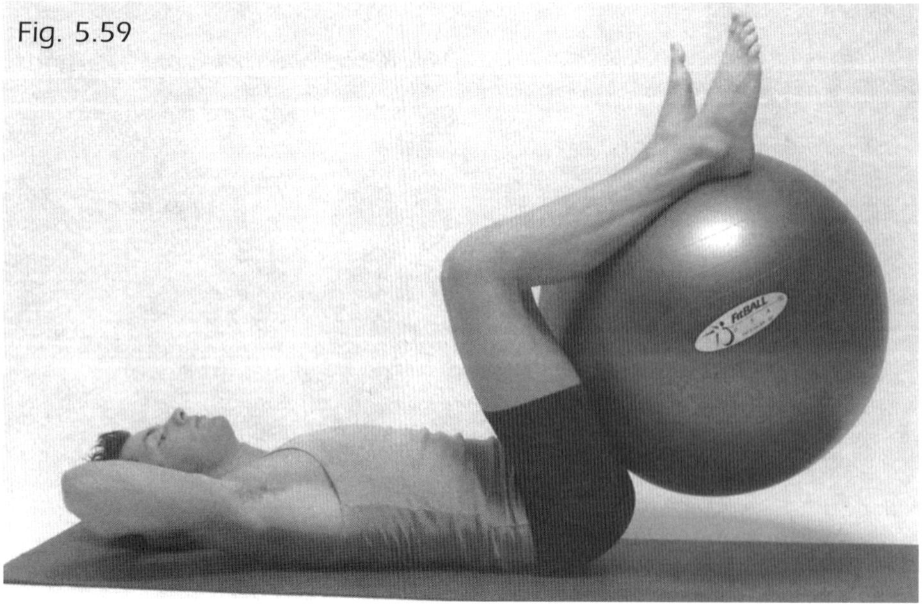

Posição Inicial

Em decúbito dorsal, flexione os joelhos e aperte a bola grande com a parte posterior da perna, coxa e com os calcanhares. Coloque as mãos atrás da cabeça ou estenda-as ao lado do corpo (figura 5.58).

Movimento 1: Abdominal invertido

1. Inspire para preparar.
2. Expire para trazer os joelhos até o tórax, levantando suavemente os quadris do chão (figura 5.59).
3. Inspire e permaneça.
4. Expire para voltar com a coluna no colchonete.
5. Repita oito vezes.

Levantamento de quadril

Você sentirá o tríceps sural, isquiotibiais e glúteos, assim como o músculo transverso do abdome. Evite acentuar a concavidade da coluna e certifique-se de manter a forte contração dos abdominais (umbigo em direção à coluna). Inicie devagar e sinta o músculo transverso do abdome, incluindo o assoalho pélvico, trabalhando junto para manter a coluna e a pélvis estáveis. Para aumentar a força, pratique esse exercício com os pés em uma bola pequena. Quando descer o tronco no colchonete, faça-o controladamente uma vértebra por vez.

Objetivo : Desenvolver a força dos músculos abdominais e o equilíbrio, além da força do tríceps sural, isquiotibiais e glúteos.

Pontos-chave: Manter os joelhos unidos e juntos na elevação do quadril. Não eleve muito os quadris. Relaxe a nuca, maxilar e ombros. Mantenha a pressão igual em ambos os pés.

Fig. 5.60

Posição Inicial
Em decúbito dorsal, com os joelhos flexionados e as solas dos pés sobre a bola grande.

Movimento 1: Elevação dos quadris na bola grande
1. Inspire para pressionar os pés na bola.
2. Expire para curvar o cóccix (retroversão) e, na seqüência, levante uma vértebra por vez até que os quadris, os joelhos e os ombros estejam alinhados (figura 5.60).
3. Expire para permanecer no topo do movimento por algumas respirações. Permaneça estável.
4. Expire para repousar o tronco no colchonete.
5. Repita cinco vezes.

Fig. 5.61

Fig. 5.62

Movimento 2: Na bola pequena

1. Inspire para pressionar os pés na bola pequena.
2. Expire para curvar o cóccix (retroversão) e, na seqüência, levante uma vértebra por vez até os joelhos, quadris e ombros estarem alinhados (figura 5.61).
3. Inspire para permanecer no topo do movimento por algumas respirações. Permaneça estável.
4. Expire para, na seqüência, repousar o tronco no colchonete.
5. Repita cinco vezes.

Movimento 3: Alongue os isquiotibiais

1. Coloque os músculos tríceps surais na bola grande.
2. Levante uma perna da bola, mantendo os joelhos bem estendidos. É comum os joelhos estarem flexionados. Tente manter o cóccix no colchonete (figura 6.62).
3. Permaneça por 20 segundos, respirando naturalmente.
4. Abaixe a perna na bola e inverta o lado.

Extensão do tronco de joelhos

Esse exercício reforça o abdome e o tronco. Lembre-se de contrair o abdome antes de levantar. Exercite-se lentamente e em uma altura que seja boa para você.

Objetivo: Reforçar o tronco e os músculos abdominais.

Pontos-chave: Evitar a hiperlordose lombar. Mantenha a cabeça alinhada com o corpo e os braços e os cotovelos afastados. Mantenha os ombros para baixo quando as mãos estiverem colocadas na testa.

Posição Inicial

Ajoelhe-se em frente à bola e coloque o abdome e o tórax na bola. O tronco estará paralelo ao colchonete. Mãos colocadas na testa, cotovelos afastados (figura 5.63).

Movimento 1: Sobre os joelhos

1. Inspire para contrair fortemente o abdome e levantar o tronco (figura 5.64).
2. Expire para abaixar o tronco.
3. Repita oito vezes.

Fig. 5.63

Fig. 5.64

Inclinação lateral

Seu tronco deve estar bastante reto e firme ao realizar esse exercício. Mantenha as mãos na testa ou ao lado da cabeça com os cotovelos abertos. Esse exercício também pode ser feito ajoelhado, com um joelho estendido ao lado.

Objetivo: Fortalecer o abdome, o quadrado do lombo e os oblíquos.

Pontos-chave: Mantenha os abdominais fortemente contraídos. Evite a hiperlordose lombar ou deixar o quadril para baixo, na bola. Relaxe o pescoço, ombros e os músculos do pescoço. Mantenha a cabeça alinhada com a coluna.

Fig. 5.65

Fig. 5.66

Posição Inicial

Ajoelhe-se na bola. Coloque a lateral de seu corpo contra a bola. Mãos na testa.

Movimento 1: Elevação lateral

1. Pressione a lateral de seu corpo contra a bola (figura 5.65).
2. Expire para levantar o corpo, mantendo-o bem firme e forte (figura 5.66).
3. Inspire para retornar.
4. Faça oito repetições e, então, repita do outro lado.

Abdominais laterais

Você pode sentir uma leve dor no dia seguinte após realizar esse exercício. Utilize a parede para estabilizar os pés. Inicie com os cotovelos flexionados e apoiados ao tórax e, então, coloque as mãos na testa. Certifique-se de que você levantou o tronco totalmente da bola para que os músculos laterais possam ser alongados.

Objetivo: Reforçar o abdome, quadrado do lombo e os oblíquos.

Pontos-chave: Manter o corpo alinhado e os quadris estendidos. Relaxe os ombros, pescoço e a região maxilar.

Posição Inicial

Coloque a bola a alguns centímetros da parede. Cruze as pernas para que a parte de trás de um pé esteja em frente do outro. Coloque os pés contra a parede. Posicione os quadris na lateral da bola.

Movimento 1: Braços cruzados no tórax

1. Inspire para levantar o corpo lateralmente (figura 5.67).
2. Expire para contrair o abdome e levantar lateralmente até que os quadris, joelhos e ombros estejam na mesma linha (figura 5.68).
3. Inspire para retornar o corpo à bola.
4. Expire para flexionar lateralmente.
5. Repita oito vezes, e então faça o outro lado.

Fig. 5.67

Fig. 5.68

Prancha

Caminhe com as mãos até formar uma prancha; colocar a bola nos tornozelos e pernas é bastante desafiador para os músculos abdominais e para todo o corpo. Caso não consiga manter uma forte contração abdominal, não caminhe muito para trás: inicie com a bola nas coxas. Os abdominais profundos devem estar fortemente contraídos para proteger a coluna lombar e para evitar que o corpo fique relaxado. Os glúteos também serão trabalhados se você rotacionar o quadril. Levantar a perna da bola ou levá-la até o lado é muito desafiador para o equilíbrio. A parte mais difícil desse exercício, entretanto, pode ser movimentar o corpo para a frente e equilibrar em prancha por alguns segundos.

Objetivo: Fortalecer os adutores de quadril e o corpo todo além de desenvolver o equilíbrio.

Pontos-chave: Manter uma boa estabilidade dos ombros. Manter as escápulas abduzidas. Não deixar os cotovelos hiperestendidos. Manter a cabeça alinhada ao tronco. Não eleve muito a perna em relação a bola.

Fig. 5.69

Posição Inicial

Ajoelhe-se em frente à bola. Coloque as palmas das mãos no chão.

Movimento 1: Com os pés na bola

1. Caminhe com as mãos até a bola alcançar as coxas, pernas ou tornozelos. Mantenha as mãos na altura dos ombros; as pontas dos dedos devem estar paralelas ao corpo, e os cotovelos suavemente voltados para trás. Mantenha os joelhos bem estendidos e os glúteos contraídos (figura 5.69).
2. Mantenha essa posição por alguns segundos e respire naturalmente.
3. Retorne caminhando com as mãos para trás da bola.

Fig. 5.70

Fig. 5.71

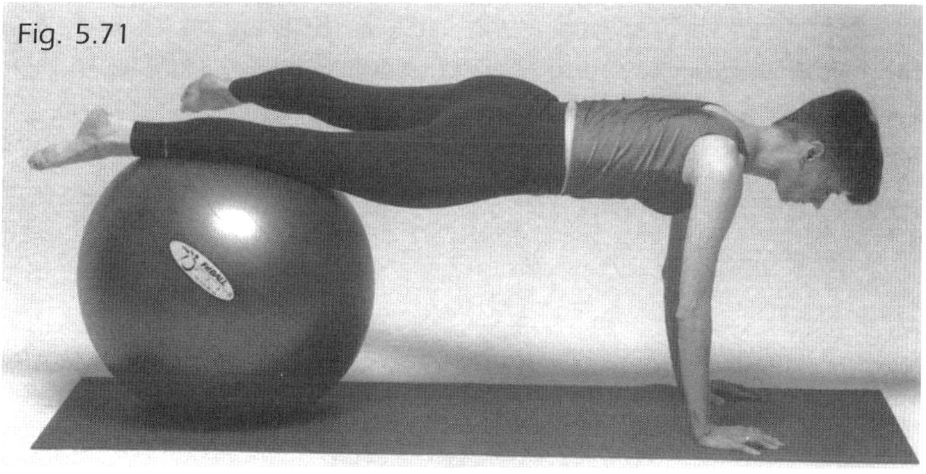

Movimento 2: Levante um pé

1. Ande com as mãos até a bola alcançar as coxas ou tornozelos; mantenha as mãos na altura dos ombros. As pontas dos dedos devem estar paralelas ao corpo, e os cotovelos, suavemente voltados para trás. Mantenha as pernas bem estendidas e os glúteos trabalhando.
2. Respire naturalmente conforme levanta uma das pernas. Mantenha essa perna bem estendida (figura 5.70).
3. Coloque a perna atrás da bola. Mantenha-a alinhada. Então, levante a outra perna da bola e segure.
4. Retorne caminhando com as mãos para trás da bola.

Movimento 3: Levante um pé lateralmente

1. Caminhe com as mãos até a bola alcançar as coxas, pernas ou tornozelos; mantenha as mãos na altura dos ombros. As pontas dos dedos devem estar paralelas ao corpo, e os cotovelos, suavemente voltados para trás. Mantenha os joelhos bem estendidos e os glúteos contraídos.
2. Respire naturalmente conforme levanta uma das pernas. Mantenha esse joelho bem estendido (figura 5.70).
3. Coloque a perna atrás da bola, mantendo-a alinhada. Então, levante a outra perna da bola e segure.
4. Retorne caminhando com as mãos para trás da bola.

O que está acontecendo com minhas escápulas?

Em exercícios como prancha e flexões, nos quais colocamos nosso peso corporal sobre os braços, precisamos nos concentrar especialmente na estabilização das escápulas. Se não fizermos isso com os músculos do pescoço e os superiores do ombro, ficaremos sobrecarregados. Quando colocamos força no braço, as escápulas devem estar firmes contra a caixa torácica. Evite deixar as escápulas afastadas. O músculo trapézio da coluna e estabilizadores escapulares (músculos entre as escápulas) e o serrátil anterior (o músculo que cobre um lado da caixa torácica, localizado acima das axilas) trabalham juntos para manter a escápula fixa. Preste atenção na posição de seus ombros em todos os exercícios, mas principalmente naqueles em que há sustentação de peso.

Concha lateral com chute

Você pode optar por não fazer a "Prancha, a Concha lateral com chute e o Arabesque" no mesmo dia, pois todos exercitam o tronco. É essencial no exercício "concha lateral com chute" que a bola seja colocada no local certo. A bola não pode ficar no quadril; deve permanecer na parte superior das coxas, em frente aos joelhos. Posner-Mayer chama esse exercício de *Prone Skier*, pois imita o movimento dos quadris, joelhos e ombros de um esquiador em declive. Ela o menciona como um exercício intenso para os abdominais e ombros, conforme estes "mantêm o equilíbrio enquanto absorvem a força cinética". Ao adicionar-se, o chute esse exercício torna-se um pouco mais desafiador.

Objetivo : Fortalecer os abdominais, os abdominais oblíquos e o tronco.

Pontos-chave: Manter o tronco paralelo ao solo. Utilizar os abdominais para levantar os quadris e inclinar para o lado.

Fig. 5.72

Posição Inicial

Ajoelhe-se em frente à bola. Engatinhe nela e caminhe com as mãos até que estas permaneçam embaixo dos cotovelos e ombros e a bola fique em frente aos joelhos e coxas. Deixe as coxas unidas e mantenha os joelhos unidos (figura 5.72).

Movimento 1: Sem chute

1. Inspire para elevar-se na posição de prancha.
2. Expire para contrair o abdome e flexionar os joelhos e quadris inclinando-se para o lado, para que a bola fique de um lado do quadril (figura 5.73). Mantenha as mãos firmes no chão.
3. Inspire para manter a concha.

Fig. 5.73

Fig. 5.74

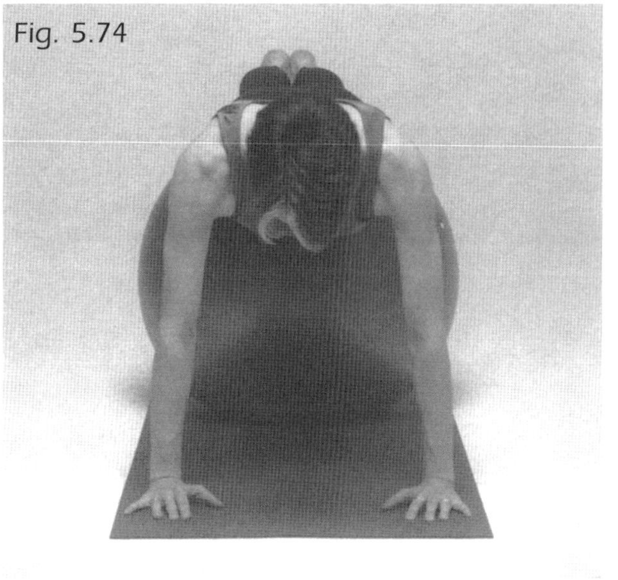

Fig. 5.75

Fig. 5.76

4. Expire conforme leva o corpo para trás (figura 5.74). Certifique-se de que a bola esteja controlada. A bola rolará de volta para o lugar.
5. Repita três ou quatro vezes, alternando os lados.

Movimento 2: Com chute

1. Inspire para elevar-se na posição de prancha.
2. Expire para contrair o abdome e flexionar os joelhos e quadris inclinando-se para o lado, para que a bola fique de um lado do quadril (figura 5.73). Mantenha as mãos firmes no chão.
3. Inspire para estender um dos joelhos para o lado (figura 5.76).
4. Expire para trazer um dos joelhos, para que o outro joelho o encontre. Controle a bola ao fazer o movimento. A bola rolará de volta para o lugar.
5. Repita do outro lado.
6. Realize esse exercício de três a quatro vezes, alternando os lados.

Arabesque

Realizamos esse exercício complexo de equilíbrio praticando em primeiro lugar a posição "Cegonha", na qual você apenas retira um pouco o joelho da bola. Faça isso algumas vezes antes de levantar a perna com elevada amplitude. Realize o arabesque lateral a partir da lateral da bola, e não da posição de prancha. Role o tronco para os lados até que a bola esteja sob seu tórax e suas mãos no colchonete. À medida que a perna se levanta, seu tronco vai se flexionar levemente para frente.

Objetivo: Fortalecer os músculos abdominais e desenvolver a coordenação e o equilíbrio.

Pontos-chave: Não pressione a região do diafragma ao retornar à posição de prancha. Mantenha as escápulas relaxadas. Quando levantar a perna nos movimentos 1 e 2, tente manter os quadris planos. No movimento 3, volte para a posição com cuidado e lentamente.

Fig. 5.77

Posição Inicial

Ajoelhe-se em frente à bola. Role o corpo sobre a bola até que suas mãos estejam diretamente abaixo dos ombros e a bola esteja em frente aos joelhos. Mantenha as coxas e os joelhos unidos.

Movimento 1: Cegonha

1- Inspire para alongar a coluna na posição de prancha (figura 5.77).
2- Expire e flexione os joelhos e quadris e deixe a bola rolar sob seu corpo, mantendo as mãos firmemente no colchonete. Essa é a posição de concha sobre a bola. (figura 5.78).
3- Inspire para levantar o cóccix e rolar uma pouco a bola.
4- Expire e flexione o joelho direito e levante levemente a perna direita, fazendo que o calcanhar direito vá em direção ao glúteo direito (figura 5.79).
5- Equilibre-se nessa posição por um tempo, respirando naturalmente.
6- O joelho direito deve ficar junto ao esquerdo sobre a bola. Volte para a posição de concha e descanse (figura 5.80).
7- Repita com o outro lado. Então, role a bola para ficar em posição de prancha. Leve as mãos para perto da bola e depois volte para o colchonete.

Fig. 5.78

Fig. 5.79

Fig. 5.80

Movimento 2: Arabesque

1- Comece da mesma maneira que a Cegonha, fazendo a posição de concha sobre a bola (figura 5.80).

2- Inspire para levantar o cóccix e role um pouco a bola.

3- Expire e flexione os joelhos e levante a perna direita, estendendo o joelho. Seu joelho deve estar estendido e os tornozelos em flexão plantar (figura 5.81).

4- Equilibre-se nessa posição por algum tempo e respire naturalmente.

5- O joelho direito deve ficar junto ao esquerdo sobre a bola. Volte à posição de concha e descanse (figura 5.82).

6- Repita com o outro lado. Então, role a bola para ficar em posição de prancha. Leve as mãos para perto da bola e depois volte para o colchonete.

Movimento 3: Arabesque lateral

1- Coloque o lado direito do quadril na bola. Seu braço esquerdo deve ficar sobre a coxa esquerda (figura 5.83).

2- Inspire e role o tronco para os dois lados da bola até que sua mão direita fique levemente atrás de seu ombro no colchonete.

3- Expire e coloque a mão esquerda no colchonete e levante as pernas. Seu pé direito deve ir em direção ao joelho esquerdo, inclinando o tronco levemente para frente e flexionando os cotovelos. A cabeça deve ficar na direção das pernas (figura 5.84).

4- Inspire e permaneça. Expire para rolar de volta para a posição inicial.

5- Repita três vezes o movimento e altere o lado.

Fig. 5.81

Fig. 5.82

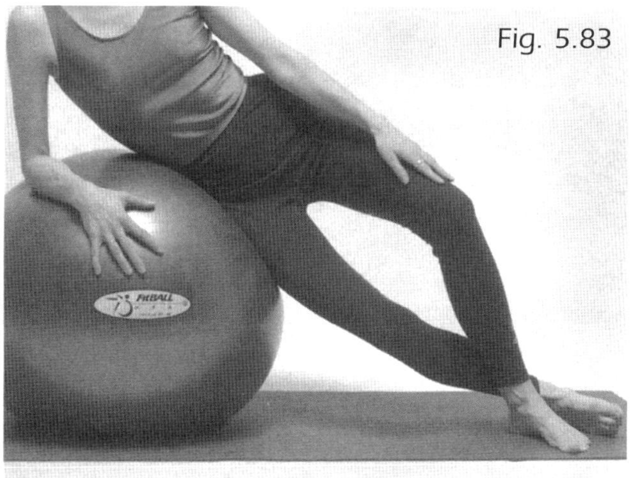

Fig. 5.83

Fig. 5.84

Equilíbrio na "mesinha"

Esse é um exercício tão simples como levantar um dedo do pé sem deixar que a bola role; faz que o abdome trabalhe bastante e, às vezes, trema. Contraia fortemente o abdome. Comece colocando as pontas dos dedos no chão para ajudar no equilíbrio. Depois, deixe os pés mais próximos para tornar o exercício mais desafiador. Joanne Posner-Mayer sugere que se escreva o alfabeto com um pé levantado em exercícios como o Equilíbrio na mesinha e a Prancha. "Escrever o alfabeto desafia ainda mais o equilíbrio e a propriocepção enquanto se adiciona cinética e inércia". Ela acrescenta que aumentar a velocidade e o tamanho das letras dão um desafio extra.

Objetivo: Tonificar os músculos abdominais e outros estabilizadores da coluna. Trabalhar os glúteos e a parte posterior das pernas.

Pontos-chave: Mantenha os quadris eretos como uma prancha. Mantenha seu tronco paralelo ao colchonete. Manter o quadril levantado e estável é mais importante que a altura que a perna será levantada.

Fig;. 5.85

Posição Inicial

Sente-se sobre a bola e leve o corpo até que sua cabeça e pescoço estejam totalmente sobre a bola. Você pode se apoiar com as mãos no solo para ajudar no equilíbrio.

Movimento: Equilíbrio na "mesinha"

1- Inspire para se preparar para posição. As mãos devem estar atrás da cabeça ou tocando o chão levemente (figura 5.85).

2- Expire para levantar um pé e estender o joelho (figura 5.86).

Fig. 5.86

Fig. 5.87

3- Fique nessa posição por alguns segundos e respire.
4- Expire e coloque o pé de volta ao colchonete.
5- Inspire para preparar.
6- Expire e levante o outro pé e estenda o joelho.
7- Fique na mesma posição por alguns segundos e respire.
8- Expire e retorne. Repita cinco vezes com cada perna.
9- Para ter um pouco mais de desafio, escreva o alfabeto com o pé quando se sentir pronto. Ou segure uma bola pequena acima da cabeça por alguns segundos (figura 5.87). Respire naturalmente.

Expandindo o tórax

Passamos muito tempo com o corpo flexionado à frente. Exercitar com a bola alonga seu peitoral e ombros, alonga a coluna e os músculos abdominais e relaxa. Praticar exercícios com a bola pequena alonga também a parte superior da coluna e não apenas a coluna lombar. Não tenha pressa em alongar o peitoral, sinta o comprimento dos dedos dos pés até a cabeça. Para sair desse exercício, coloque as mãos atrás da cabeça e levante-a primeiro. Então, role a bola para um lado, levando seus joelhos em direção ao tórax.

Objetivo: Alongar a coluna, os músculos abdominais e a nuca.

Pontos-chave: Certifique-se de que o pescoço esteja seguro. Use uma almofada embaixo da cabeça se for necessário. Se tiver cabelos compridos, não deixe que fique preso embaixo da bola.

Fig. 5.88

Posição Inicial

Deite no colchonete. Role para um lado e coloque uma bola pequena entre as escápulas ou abaixo delas e role sobre a bola.

Movimento 1: Expansão do tórax

1- Coloque as mãos atrás da cabeça e abaixe-a levemente, hiperestendendo o tronco sobre a bola. Se desejar, relaxe as mãos, uma vez que a cabeça esteja seguramente apoiada no colchonete. Mantenha os joelhos flexionados ou estenda os joelhos sobre o colchonete (figura 5.88).

2- Relaxe os braços e respire profundamente por alguns instantes.

Movimento 2: Expansão do tórax com rotação

1- Mantenha os joelhos flexionados. Coloque as mãos atrás da cabeça e mantenha-a confortável (fig. 5.89). Inspire.

2- Expire e coloque os joelhos no lado direito enquanto rotaciona o corpo para o lado esquerdo. Os pés devem continuar no colchonete. Mantenha a cabeça apoiada nas mãos (fig. 5.90).

3- Respire e repita o movimento de rotação do outro lado (fig. 5.91).

4- Para sair deste exercício, coloque as mãos atrás da cabeça e levante-a e, então, role a bola para o lado.

Fig. 5.89

Fig. 5.90

Fig. 5.91

6

Abdominais com bola: nível avançado

Esses são os exercícios com bola mais desafiadores. Quando atingir o nível avançado, os padrões de movimentos saudáveis devem idealmente ser oportunizados, e os músculos abdominais profundos devem trabalhar bem coordenados. Rever os exercícios fundamentais no início de cada uma das três sessões ainda é uma boa orientação. Aqueça realizando os exercícios abdominais básicos mostrados na página 164 e, então, adicione com cuidado um ou dois exercícios avançados por vez. Depois do aquecimento, adicione o exercício avançado no começo de sua sessão, quando você ainda está descansado. Observe os níveis de fadiga – quando atingida, a técnica é afetada e músculos impróprios começam a trabalhar.

Exercite-se em local aberto, sempre usando uma bola resistente a rompimentos, pois esta murcha lentamente e não estoura.

Praticando os exercícios fundamentais

À medida que pratica os exercícios fundamentais você se prepara para os abdominais avançados com a bola, pense na qualidade e não na quantidade. Agora você conseguirá perceber como este exercício abdominal se difere dos outros. O importante, quando estiver nos dois últimos exercícios fundamentais, não é a altura que a perna ou o braço é levantado, mas sim se você é capaz de manter uma contração precisa do abdome, mantendo a coluna na posição neutra e em uma postura ótima, ao passo que adiciona o movimento dos membros.

Fundamental 1: Extensão de joelho

Essa será a força do abdome que evitará que você perca o equilíbrio quando estiver balançando o pé ou o braço. Leve a região do umbigo em direção à coluna e sinta que está espaçando os discos vertebrais alongando-se, à medida que seu pé alcança o chão. Faça esses movimentos todos os dias e fique um pouco mais, a cada dia, na mesma posição. Feche os olhos para aumentar o desafio.

Objetivo: Fortalecer os músculos da região central do corpo e desafiar o equilíbrio.

Pontos-chave: Não faça o movimento rapidamente. Mantenha os ombros relaxados e a pélvis na posição neutra e o cóccix para baixo.

Fig. 6.1

Posição Inicial

Fique com os dois pés, firmemente apoiados no chão. O tornozelo permanece em flexão plantar; certifique-se se o peso está igualmente distribuído entre os pés. Segure uma bola pequena ou grande.

Movimento 1: Pipa

1. Segure a bola sobre a cabeça. Coloque seu pé direito no colchonete e deixe o peso sobre ele. Leve a bola para o lado direito do corpo e movimente a perna esquerda para o lado esquerdo, afastando-a do corpo (figura 6.1).
2. Respire um pouco, mantendo a região abdominal contraída. Encontre seu equilíbrio e segure por dez segundos.
3. Coloque o pé de volta ao colchonete. Repita do outro lado.

Movimento 2: A árvore

1. Deixe o pé esquerdo no colchonete e o peso sobre ele à medida que segura a bola no lado esquerdo do corpo. Leve o pé direito até o tornozelo para começar (figura 6.2).
2. Quando estiver equilibrado, pegue o tornozelo direito com a mão direita e levante a perna até a região medial alta da coxa. Se desejar, coloque o pé um pouco mais para baixo, mas não pressione a parte medial do joelho. Pressione o pé direito na coxa e mantenha a outra

Fig. 6.2

Fig. 6.3

Fig. 6.4

perna esticada (figura 6.3).

3. Concentre-se num ponto fixo à sua frente e fique por 20 a 30 segundos.
4. Para desafiar ainda mais seu equilíbrio, vire a cabeça para um lado e permaneça (figura 6.4).
5. Respire suavemente e repita o movimento do outro lado.

Fundamental 2: Oposição mãos e pés

O tronco e os membros inferiores atuam coordenadamente neste exercício. Imagine o umbigo como um colchão. Uma corda grossa conecta o umbigo à coluna. Puxe suavemente a corda, deixando o umbigo e a área entre o umbigo e o osso púbico longe da extremidade das calças. Mantenha o abdome contraído à medida que adiciona o movimento dos membros. Não é importante a altura que você levanta a mão ou o pé, mas sim se você é capaz de manter a coluna na posição neutra, ao passo que estende o pé e a mão opostos.

Objetivo: Fortalecer a região do abdome, a coluna e os glúteos.

Pontos-chave: A contração dos músculos abdominais é realizada lenta e controladamente. Evite acentuar a concavidade ou a rotação do quadril. Mantenha os quadris na bola e não movimente o quadril enquanto levanta a perna. Mantenha os ombros para baixo e evite que a perna ou o braço fique acima do tronco.

Fig. 6.5

Posição Inicial

Deite com o abdome sobre a bola. Coloque as mãos no chão, abaixo dos ombros. Estenda os joelhos para trás e deixe-os separados na largura dos ombros (figura 6.5).

Movimento 1: Oposição mão e pé, 5 cm

1. Expire para alongar a coluna.
2. Expire para contrair fortemente o abdome e, simultaneamente, levantar a mão direita e o pé esquerdo, a 5 cm do colchonete (figura 6.6).

Fig. 6.6

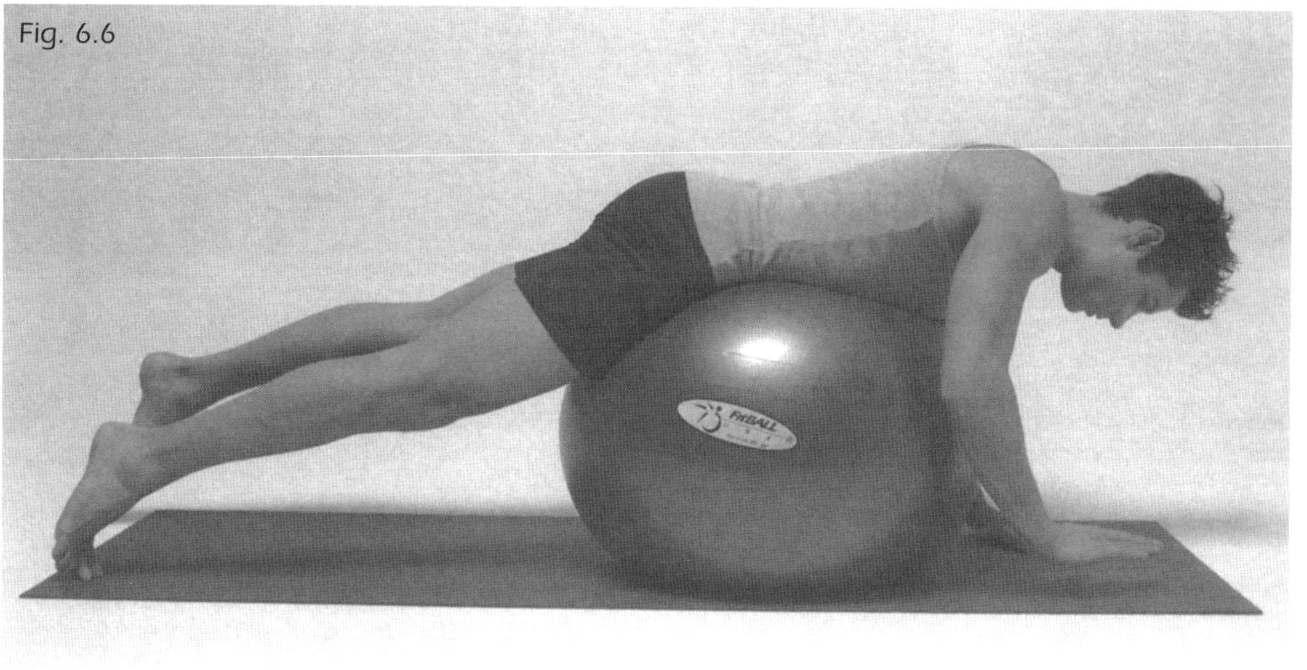

Fig. 6.7

3. Inspire para manter a contração e abaixe a mão e o pé.
4. Expire, mantendo a região do abdome contraída, e levante a mão esquerda e o pé direito, 5 cm do colchonete.
5. Repita de quatro a seis vezes em cada lado, mantendo os músculos abdominais contraídos.

Movimento 2: Oposição mão e pé, altura total

1. Inspire para alongar a coluna (figura 6.7).

Fig. 6.8

2. Expire para contrair fortemente o abdome e levante o calcanhar direito até os glúteos, levantando também a mão esquerda. Permaneça assim por 5 a 20 segundos, respirando naturalmente (figura 6.8).

3. Inspire para manter a contração e abaixe a perna e a mão.

4. Expire para levantar o calcanhar esquerdo e a mão direita. Segure por 5 a 20 segundos, respirando naturalmente.

5. Repita de quatro a seis vezes de cada lado, mantendo os músculos abdominais contraídos.

Exercícios abdominais avançados com bola

Lembre-se: não é somente a força dos músculos superficiais que permite a realização desses movimentos desafiadores. A força do transverso do abdome e do assoalho pélvico são fundamentais. Quanto mais eficiente for o trabalho dos músculos estabilizadores no apoio à pélvis e à coluna lombar nos movimentos dos membros, cada vez mais estará apto a balançar, lançar, bater ou absorver forças no esporte ou atividades recreacionais. Além disso, se seu abdome estiver sendo exercitado corretamente, você sentirá menos tensão no pescoço, nos ombros, nos punhos e na coluna lombar. Se a região do abdome não estiver sustentando, de maneira adequada, a força das pernas e dos braços, o corpo irá compensar com os músculos impróprios e posições que não são ótimas.

O cem

Este exercício revigorante contribui no fluxo sangüíneo e aquece o corpo, à medida que combina movimento e respiração. Movimente os braços para cima e para baixo e inspire e expire por cinco segundos. Não levante mais alto que a base das escápulas. Segure uma bola pequena ao passo que abaixa a perna em um ângulo de 45 graus (ou menos) na expiração. Levante as pernas na inspiração. Use a expiração para contrair fortemente os abdominais e manter a coluna lombar no colchonete enquanto estiver abaixando as pernas.

Objetivo: Desafiar os músculos abdominais e aquecer o corpo.

Pontos-chave: Certifique-se de que todo o braço se movimenta a partir da articulação. Não movimente a partir do punho ou do cotovelo. Mantenha os cotovelos relaxados, e não hiperestendidos. Não deixe que o tronco se movimente. Mantenha os ombros para baixo.

Fig. 6.9

Posição Inicial

Em decúbito dorsal, leve os joelhos até o tórax. Coloque uma bola pequena entre os tornozelos.

Movimento: O cem

1. Inspire para preparar. Expire e levante o tronco, elevando as pernas e mantendo os braços estendidos até as coxas. Olhe para os joelhos e não para o teto (figura 6.9).
2. Inspire e expire por cinco vezes, apertando a bola em cada expiração. Em cada respiração, jogue os braços para frente. Os cotovelos devem estar relaxados.
3. Mantenha essa posição e conte até cem.
4. Termine flexionando o joelho até o tórax, abaixando a cabeça no colchonete.

Rolamento

Este é um exercício difícil de ensinar em grupos grandes, pois a maioria dos alunos, mesmo os mais avançados, não possuem força ou capacidade para organizar o corpo todo e colocar pressão no pescoço. Colocar uma bola pequena sob os quadris é uma excelente maneira de atingir esse movimento altamente controlado. Levante uma vértebra por vez do colchonete, usando os músculos abdominais, e não os braços, para levantar a perna sobre a cabeça. Não faça seu peso pressionar o pescoço. Mantenha a cabeça alinhada com a coluna.

Objetivo: Fortalecer os músculos abdominais e melhorar a flexibilidade da coluna lombar e isquiotibiais.

Pontos-chave: Ao elevar as pernas acima da cabeça, evite ajudar com as mãos, use os músculos abdominais. Mantenha o abdome contraído. Mantenha a cabeça alinhada com a coluna. Evite esse exercício se tiver problemas no pescoço e na coluna lombar.

Fig. 6.10

Posição Inicial

Deite-se em decúbito dorsal e coloque uma bola pequena embaixo dos quadris. Leve os joelhos ao tórax e estenda os joelhos levando as pernas para cima, num ângulo de 90 graus (figura 6.10).

Movimento 1: Bola pequena nos tornozelos

1. Utilize uma segunda bola nos tornozelos (ou não use bola); segure-a nos quadris e posicione as mãos. Inspire para preparar.
2. Contraia o abdome, expire para sair de cima da bola pequena e estenda os joelhos, conduzindo as pernas acima da cabeça (figura 6.11).
3. Pare quando as pernas estiverem paralelas ao chão. Inspire e aperte suavemente a bola com as mãos. Flexione os pés, se desejar (figura 6.12).
4. Expire para rolar sobre a coluna, uma vértebra por vez (figura 6.13). Abaixe os pés até a posição inicial. Mantenha a coluna lombar fora do colchonete.
5. Repita de três a cinco vezes.

Fig. 6.11

Fig. 6.12

Movimento 2: Bola grande entre os tornozelos

1. Conduza as pernas em direção ao teto, num ângulo de 90 graus, com uma bola grande entre os pés (figura 6.14). Inspire para preparar.
2. Usando os músculos abdominais, expire para sair do colchonete e conduza as pernas com os joelhos estendidos sobre a cabeça.
3. Pare quando as pernas estiverem paralelas ao chão. Inspire e aperte de modo suave a bola (figura 6.15). Flexione dorsalmente os tornozelos, se desejar.
4. Expire para rolar sobre a coluna, uma vértebra por vez (figura 6.16). Abaixe a bola em um ângulo que permita à coluna lombar ficar sobre o colchonete.
5. Repita de três a cinco vezes.

Fig. 6.13

Fig. 6.14

Fig. 6.15

Fig. 6.16

Saca-rolha

O exercício Saca-rolha é da mesma família dos rolamentos. Continue a utilizar os músculos profundos, o assoalho pélvico e o transverso para estabilizar a pélvis no movimento de pernas no qual estas ficam pesadas. Mantenha os pequenos círculos para começar e os braços em forma de T. Impulsione as pernas para uma única direção, acentuando o movimento, e mude a direção do círculo. Os quadris devem continuar no colchonete ou sobre uma bola pequena nos movimentos 1 e 2. A bola pequena sob os quadris ajudará aqueles que possuem uma coluna lombar menos flexível. O movimento 3 é parecido com o rolamento, exceto por começar com um lado da coluna e voltar por outro. Mantenha os braços próximos ao corpo, pressione-os sobre o colchonete e incline o tronco conforme levanta as pernas, colocando-as sobre a cabeça. Com as pernas levantadas, coloque seu peso sobre um lado da coluna e role lentamente. Lembre-se de mudar a direção do círculo quando estiver na parte de cima do movimento.

Objetivo: Trabalhar os músculos infra-abdominais, os flexores de quadril, a estabilidade do tronco e a região medial da coxa e dos glúteos.

Pontos-chave: Nos movimentos 1 e 2, mantenha os quadris no colchonete, ou na bola, e deixe a coluna lombar estável. Conforme fizer círculos com as pernas, permaneça contraído, não permitindo que coluna levante do colchonete. Tente não pressionar o pescoço, os ombros e o queixo. Evite o exercício se tiver problemas no pescoço ou na coluna lombar.

Posição Inicial

Em decúbito dorsal e com os joelhos no tórax. Coloque uma pequena bola sob a pélvis. Estenda os joelhos em direção ao teto e deixe-os unidos.

Movimento 1: Como suporte uma bola pequena

1. Inspire para contrair fortemente o abdome e direcione as pernas para o tórax (fig. 6.17), depois para o ombro esquerdo (figura 6.18) e afaste-as.
2. Expire (figura 6.19) e depois leve as pernas para a direita. Termine quando as pernas estiverem no alto.
3. Inspire na mesma posição e então mude a direção do círculo. Expire quando afastar as pernas novamente.
4. Faça de seis a oito repetições. Leve os joelhos ao tórax para terminar.

Fig. 6.17

Fig. 6.18

Fig. 6.19

Fig. 6.20

Movimento 2: Preparação para o saca-rolha

1. Tire a bola de debaixo da pélvis e coloque-a entre os tornozelos. Estenda-as em direção ao teto. Os braços devem estar ao lado do corpo sobre o colchonete ou estendidos em forma de T (figura 6.20).
2. Inspire para puxar o umbigo e faça círculos com a perna para o lado esquerdo (figura 6.21), e depois afaste-as.

Fig. 6.21

Fig. 6.22

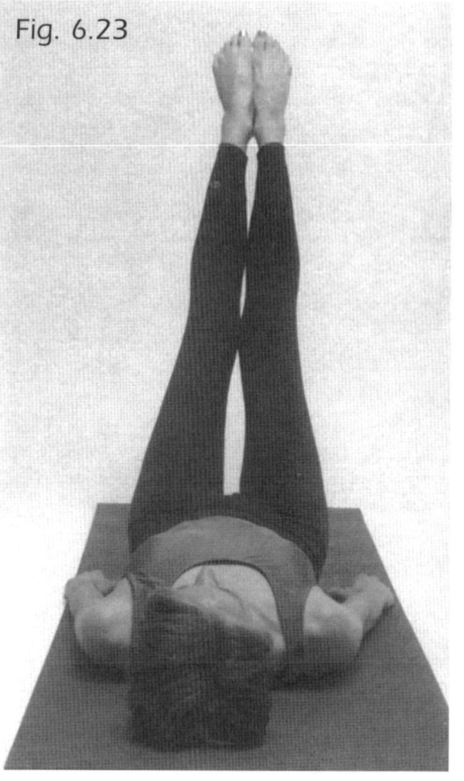
Fig. 6.23

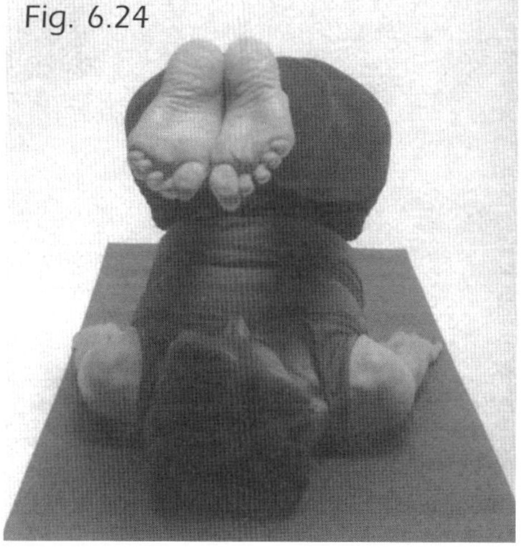
Fig. 6.24

3. Expire quando as pernas estiverem no alto e, então, leve-as para o outro lado do corpo (figura 6.22), terminando no alto.
4. Inspire e mude a direção do círculo. Expire quando as pernas estiverem no alto.
5. Faça de seis a oito repetições. Leve os joelhos ao tórax para terminar.

Movimento 3: Saca-rolha completo
1. Leve a bola pequena para o lado e estenda os joelhos para o alto. Alongue os braços ao lado do corpo e deixe-os sobre o colchonete (figura 6.23).
2. Inspire para preparar.
3. Começando com os músculos abdominais, na expiração, coloque as pernas sobre a cabeça para que fiquem paralelas ao chão (figura 6.24).

Fig. 6.25

Fig. 6.26

Fig. 6.27

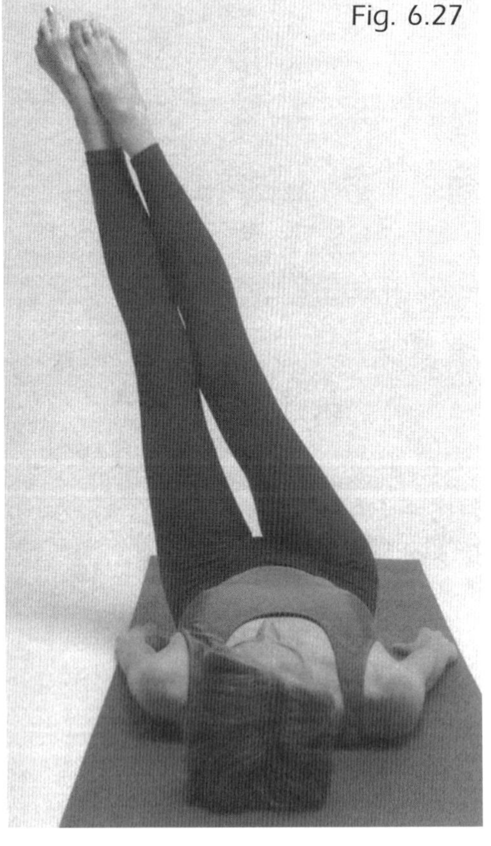

Fig. 6.28

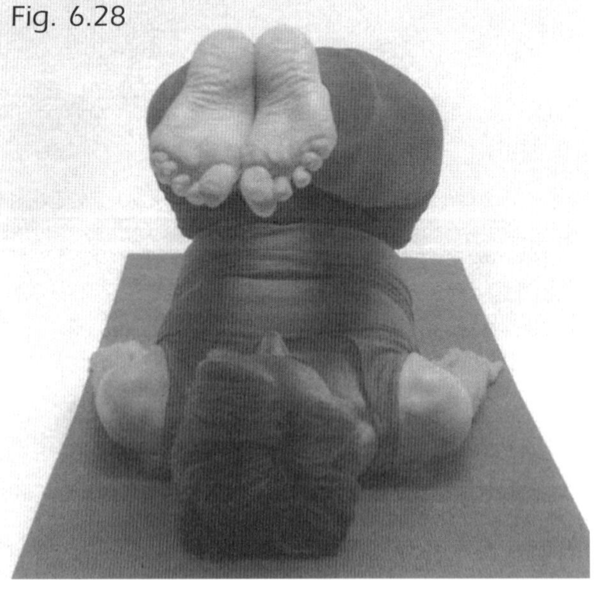

4. Inspire e coloque os quadris levemente para o lado direito (figura 6.25). Role para o lado direito da coluna, uma vértebra por vez (figura 6.26).

5. Quando as pernas estiverem no alto, procure sempre manter a coluna lombar no colchonete, expire e faça círculos com a perna para o lado esquerdo (figura 6.27).

6. Levante as pernas para o lado esquerdo da coluna, sobre a cabeça, e leve-as de volta ao centro (figura 6.28).

7. Mude a direção do círculo. Faça três repetições de cada lado.

Ponte lateral com bola pequena

Fazer a ponte lateral numa superfície móvel faz os músculos do lado do corpo contraírem bastante. Você pode fazer esse exercício sem a bola e numa superfície fixa. Mantenha o abdome e o assoalho pélvico fortemente contraídos, e mantenha o corpo apoiado no cotovelo mais forte. Mantenha os ombros elevados e o cotovelo firmemente apoiado ao colchonete.

Objetivo: Fortalecer o quadrado do lombo, os músculos abdominais oblíquos, o transverso do abdome e o assoalho pélvico.

Pontos-chave: Mantenha a coluna reta e na posição neutra. Mantenha um lado do quadril sobre o outro. Os joelhos devem estar à frente. Certifique-se de manter o abdome contraído.

Fig. 6.29

Posição Inicial

Comece de lado com o apoio dos cotovelos e quadris. Coloque a outra mão no colchonete para ajudar a ficar na posição correta (figura 6.29).

Fig. 6.30

Fig. 6.31

Movimento: Ponte lateral

1. Coloque um calcanhar sobre a bola, e o outro sobre este, e levante o corpo, como mostra a figura 6.30.
2. Quando estiver equilibrado, levante a mão que está no colchonete e coloque-a na coxa (figura 6.31). Respire naturalmente e segure por cinco a dez segundos.
3. Abaixe o corpo e repita quatro vezes o mesmo movimento.
4. Faça o mesmo do outro lado.

Bumerangue

Este avançado desafio de Pilates combina o rolamento sobre a coluna com o rolamento em flexão de quadril com os joelhos estendidos (ver o Rolamento na página 126 e o Teaser na página 142). Não é necessário rolar de volta até o pescoço, e os joelhos podem estar flexionados na posição Tesoura, tornando o movimento mais acessível. Faça, entretanto, esse exercício com muita precisão e com um grande controle, para evitar uma queda.

A troca de uma posição para outra deve ter um fluxo contínuo. A forte contração do abdome ajudará a manter o equilíbrio, para que você não tenha que simplesmente abaixar as pernas no fim do movimento.

Objetivo: Fortalecer alguns músculos do corpo, especialmente o abdominal e os flexores de quadril. Desenvolver a coordenação e o equilíbrio.

Pontos-chave: Evite rolar para trás, colocando o peso sobre a área do pescoço, vá somente até a região do tronco. Evite colocar rapidamente as pernas de volta no colchonete ao final do exercício. Use a força dos músculos abdominais e dos flexores do quadril para lentamente abaixar as pernas com controle. Evite este exercício se tiver problemas nos ombros ou no pescoço.

Fig. 6.32

Posição Inicial

Sente-se ereto sobre os ísquios com uma bola pequena entre os calcanhares. Coloque as mãos no colchonete diretamente abaixo dos ombros (figura 6.32).

Fig. 6.33

Fig. 6.34

Movimento: Bumerangue

1. Inspire para sentar.
2. Expire para contrair o abdome e role para trás levantando as pernas. Leve-as para cima da cabeça sem usar os braços como apoio (figura 6.33).
3. Inspire para apertar a bola suavemente.
4. Expire para rolar de volta e ficar na posição Teaser, alongando as mãos em direção aos dedos dos pés (figura 6.34).
5. Mantenha o corpo equilibrado. Inspire para deslizar as pontas dos dedos fazendo um grande círculo em torno da coluna (figura 6.35). Mantenha a posição.
6. Expire para lentamente abaixar as pernas conforme alonga os braços para trás. Use os braços para contrabalançar o peso das pernas. Quando suas pernas estiverem no colchonete, flexione o tronco em direção a

Fig. 6.35

Fig. 6.36

elas. Mantenha o abdome contraído (figura 6.36).

7. Inspire para fazer círculos com o braço para frente, o mais amplo e alto possível, em direção aos dedos dos pés. Alongue o pescoço e mantenha os ombros relaxados.

8. Expire para voltar à posição inicial.

9. Repita de quatro a seis vezes o movimento.

Extensão de tronco com balanço

Esta é uma excelente maneira de treinar o abdome e coordenar o tronco com a coluna lombar. Mantenha o corpo bem estável. Quando abaixar o tronco, as pernas levantarão e ficarão em uma forma de arco. Quando as pernas abaixarem, o tronco irá se levantar. Uma bola pequena sob a pélvis fará que o osso púbico fique mais confortável. Conforme você for para frente, controle o movimento com as mãos e mantenha os cotovelos perto do corpo. Mantenha os joelhos estendidos.

Objetivo: Alongar e fortalecer os músculos abdominais e trabalhar os músculos da coluna, os glúteos e os isquiotibiais.

Pontos-chave: Mantenha a coluna e o pescoço alinhados, evite a hiperextensão. Mantenha o abdome contraído e os ombros relaxados.

Fig. 6.37

Posição Inicial

Em decúbito ventral, coloque uma bola sob a pélvis. A bola deve estar cheia até a metade de sua capacidade (veja a bola na figura 6.39). Coloque as mãos em frente aos ombros; as palmas devem estar para baixo e os cotovelos, próximos ao corpo. Olhe para baixo. Coloque uma bola pequena entre os calcanhares para um desafio extra.

Movimento: Extensão de tronco com balanço

1. Inspire para deslizar os ombros para baixo.
2. Expire para estender o tronco. Deixe o pescoço alongado. Olhe para frente (figura 6.37).
3. Inspire para contrair os glúteos e os isquiotibiais. Estenda os joelhos.

Fig. 6.38

Fig. 6.39

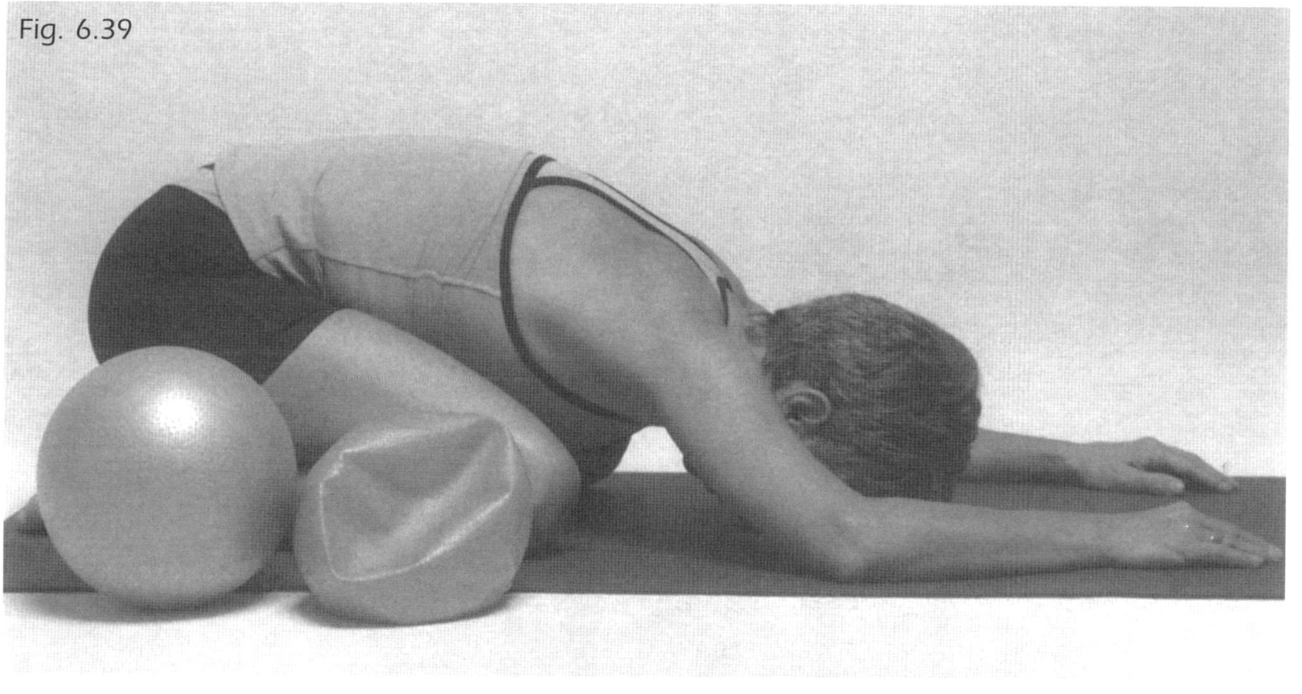

4. Expire e deslize para frente, levantando as pernas (figura 6.38). Mantenha os joelhos bem estendidos. Mantenha os cotovelos próximos ao corpo e a cabeça alinhada à coluna.
5. Inspire para deslizar o corpo de volta.
6. Repita de três a cinco vezes.
7. Depois de tudo, alongue a coluna na posição de concha (figura 6.39).

Tesouras

Mantenha o tronco estabilizado e contraído à medida que adiciona a ação de tesoura com as pernas. Impulsione a perna levantada duas vezes, colocando a parte da frente do tornozelo ou da canela na bola. Procure relaxar os cotovelos. Mantenha os ombros retos. Se tiver dores no pescoço, coloque a cabeça no colchonete enquanto realiza o exercício. Se estiver com a coluna lombar e os isquiotibiais curtos, flexione os joelhos.

Objetivo: Fortalecer as pernas e os músculos abdominais.

Pontos-chave: Não levante os ombros quando estiver colocando a bola sobre a cabeça. Mantenha o abdome contraído e certifique-se de que os músculos abdominais não estão se movimentando.

Fig. 6.40

Posição Inicial

Deite no colchonete. Leve os joelhos até o tórax. Segure a bola com as duas mãos e coloque-a nas pernas (fig. 6.40).

Movimento: Tesouras

1. Inspire para levantar a cabeça e o tronco, segurando a bola nas pernas.
2. Expire para afastar as pernas e toque duas vezes a perna direita na bola (fig. 6.41).

Fig. 6.41

3. Inspire para unir as pernas.
4. Expire para afastá-las e bata duas vezes a perna esquerda na bola.
5. Repita de seis a oito vezes o movimento, mantendo os joelhos estendidos.
6. Termine com o tronco no colchonete, os joelhos no tórax e a cabeça no colchonete.

Desafio com a bola nas mãos

Saiba como uma bola grande nas mãos pode mudar a posição de seus ombros, o alinhamento da cabeça e a posição dos cotovelos. Um dos desafios de *Abdominais com bola* é fazer que a bola não rotacione seu corpo ou não permita que realize o exercício com precisão.

Qualquer que seja a bola, grande ou pequena, quando segurá-la, os cotovelos devem estar sempre flexionados. Quanto maior a bola, mais difícil de controlar. Nos exercícios avançados, como o Teaser, o melhor é dominar o movimento com uma bola pequena e somente mudar para a bola grande quando tiver certeza de que ela não fará o seu corpo voltar aos padrões de movimento impróprios ou postura incorreta, ou cause tensão.

A bola é uma parceira no seu exercício sobre o colchonete, e não somente um material para se apoiar. Pratique, com uma conexão forte entre corpo e mente, assim, garantirá que a bola será manuseada com fluidez e controle.

Teaser

O Pilates Teaser não é apenas um teste intenso para seus músculos abdominais, ele aumenta o equilíbrio e o controle, conforme você rola o corpo para cima e para baixo. Tenha certeza que está pronto para esse exercício. Se tiver a coluna lombar sensível, flexione os joelhos. Não deixe que a bola grande impeça que você levante os ombros acima das orelhas. A bola deve ajudá-lo a levantar, e não a fazer peso.

Objetivo: Fortalecer os músculos abdominais e coordenar os movimentos com o tronco.

Pontos-chave: Os ombros e o pescoço devem estar relaxados. Levante o tórax e não a cabeça quando estiver saindo do colchonete. Use a expiração para ajudar.

Fig. 6.42

Posição Inicial

Em decúbito dorsal. Estenda os joelhos elevando os membros inferiores e afaste-os lateralmente. Contraia a região medial da coxa e os glúteos. Levante a bola sobre a cabeça (figura 6.42).

Movimento 1: Elevação dos membros inferiores

1. Inspire para levar a bola em direção ao teto. Na expiração, pressione o osso sacro contra o colchonete e continue o movimento para que a cabeça e o tronco alinhem-se à bola. Você estará equilibrando somente pelo ísquio. Os braços devem estar paralelos às pernas. Flexione o quadril e segure (figura 6.43).

2. Inspire para trazer a bola de volta lentamente, para que os braços fiquem exatamente em frente às orelhas, porém os ombros devem continuar para baixo (figura 6.44).
3. Expire para contrair fortemente o abdome e abaixe o tronco, pressionando um osso por vez no colchonete.
4. Retorne à posição inicial, com a bola sobre a cabeça.
5. Repita seis vezes.

Fig. 6.43

Fig. 6.44

Fig. 6.45

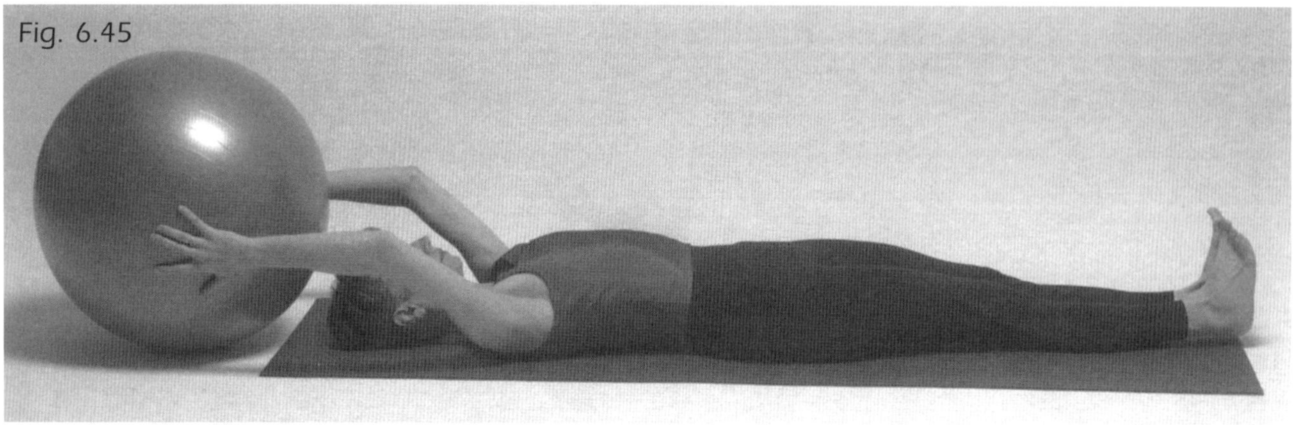

Fig. 6.46

Fig. 6.47

Movimento 2: Pernas no colchonete

1. Em decúbito dorsal, com os joelhos estendidos. Segurando a bola, coloque os braços atrás da cabeça. Mantenha o abdome contraído, garantindo a estabilidade do tórax. (figura 6.45).
2. Na expiração, pressione o osso sacro no colchonete e alongue os braços, levantando as pernas simultaneamente. Equilibre-se o mais próximo possível do ísquio. Flexione o quadril e segure (figura 6.46).
3. Inspire para levar a bola de volta, lentamente, para que os braços alcancem as orelhas ou um pouco mais à frente, porém os ombros devem continuar para baixo (figura 6.47).
4. Expire para contrair o abdome e rolar a coluna para trás, pressionando um osso por vez no colchonete. Simultaneamente, abaixe as pernas.
5. Repita seis vezes.

Flexão lateral e rotação

Este exercício desafiador foi adaptado dos exercícios de colchonete de Pilates. Adicionar a bola ao exercício oferece apoio para o corpo, tanto que seu peso não é mantido pelos punhos, mas força e estabilidade nos ombros ainda são necessárias. Evite este exercício se tiver problemas nos punhos, ombros ou pescoço. A bola faz o movimento 2, a rotação, ficar mais acessível para a maioria das pessoas. Domine a flexão lateral primeiro. Ela não é apenas um alongamento lateral. Pense como sendo mais que isso: é preciso colocar o quadril no centro superior da bola para que o peso do corpo fique todo sobre a bola. O peso deve estar fora do braço colocado diretamente abaixo do ombro no colchonete. Deve haver, no mínimo, cinco centímetros de distância entre a bola e o braço de apoio. Não afunde a bola, use-a somente como apoio. Quando realizar a rotação, use os músculos abdominais para elevar os quadris. Mantenha o ombro de apoio forte e estável, recrutando o serrátil e o quadrado do lombo. Na posição alta, deve ter uma longa linha a partir dos ombros, passando pelos quadris, joelhos e dedos dos pés.

Objetivo: Desenvolver a força dos músculos abdominais, dos oblíquos e do tronco.

Pontos-chave: Na posição de flexão lateral, certifique-se de que a mão está diretamente abaixo do ombro e que os músculos recrutados estão lateralmente ao tronco. Tente levantar o ombro, evite rotacionar o quadril. Evite que os ombros toquem as orelhas. Evite o exercício se tiver problemas nos punhos ou nos ombros.

Fig. 6.48

Posição Inicial

Cruze o pé esquerdo em frente à perna direita e coloque o lado do quadril no centro superior da bola. Coloque seu peso sobre a bola. O braço esquerdo deve descansar sobre a coxa esquerda (figura 6.48).

Fig. 6.49

Fig. 6.50

Movimento 1: Flexão lateral

1- Inspire para preparar. Expire para levantar os quadris em direção ao teto, conforme estende o corpo cruzando a bola e colocando a mão a 5 cm ou mais longe da bola. A palma de sua mão deve estar no colchonete, diretamente abaixo dos ombros. Faça uma prancha lateral, levantando os quadris e elevando o braço sobre a cabeça, próximo à orelha. Evite a rotação do quadril (figura 6.49).

2- Inspire para flexionar os joelhos levemente e descanse os quadris sobre a bola. Retorne à posição inicial, abaixando o braço esquerdo e colocando-o sobre a coxa (figura 6.50).

3- Repita três vezes o mesmo movimento e mude o lado.

Movimento 2: Adicione rotação

1. Fique na mesma posição inicial da flexão lateral. Faça uma prancha lateral, levantando os quadris e elevando o braço esquerdo acima da cabeça. A mão direita deve ficar no colchonete, diretamente abaixo dos ombros (figura 6.51).

2. Inspire para fazer o braço esquerdo tocar a bola (figura 6.52). Conti-

Fig. 6.51

Fig. 6.52

nuando o movimento, expire para contrair fortemente o abdome e mantenha os quadris direcionados para o teto, estendendo os joelhos e rotacionando o tronco em direção ao colchonete. Deixe a cabeça longe dos quadris e role a bola sobre você. Mantenha a mão na bola e siga-a com os olhos (figura 6.53).

3. Inspire para retornar a bola em direção ao quadril.
4. Expire para retornar à prancha lateral, levantando os quadris e estendendo o braço sobre a cabeça (figura 6.54).
5. Repita duas vezes o movimento e mude o lado.

Fig. 6.53

Fig. 6.54

Prancha lateral com rotação

Esse exercício geralmente é fácil de um dos lados, pois o grupo muscular oblíquo é mais forte de um lado do que do outro. O importante é manter os ombros e a cabeça completamente voltada para baixo, ao ficar na posição de prancha normal. O tronco não pode mudar de direção, simplesmente rotacione seu corpo como uma unidade e evite a rotação dos quadris e que eles fiquem perpendiculares ao colchonete. Observe que um cotovelo flexionará mais que o outro. Os músculos abdominais devem estar contraídos para proteger a coluna lombar e evitar que o tronco fique flexionado. Mantenha o corpo todo bem estendido, evite a flexão de joelhos. Novamente, a parte mais difícil do exercício é depois que os dois lados já foram trabalhados: vai parecer um longo caminho de volta até que você esteja seguro no colchonete.

Objetivo: Desenvolver a força dos músculos abdominais, dos oblíquos e do tronco.

Pontos-chave: Mantenha a boa estabilidade do ombro. Mantenha as escápulas afastadas e não eleve os ombros. Os cotovelos devem estar levemente flexionados em um ângulo de 45 graus. Não deixe a cabeça mais baixa que o corpo, mantenha-a alinhada com a coluna. Mantenha os membros inferiores unidos e estabilizados.

Fig. 6.55

Posição Inicial
Ajoelhe-se em frente à bola. Coloque as mãos no chão.

Movimento: Prancha lateral com rotação
1. Coloque a bola embaixo das coxas. Para um desafio maior, role até que a bola esteja nas pernas; as mãos devem estar mais afastadas que os ombros. As pontas dos dedos devem estar paralelas ao corpo e os cotovelos devem estar um pouco para trás. Não deixe o tronco ficar flexionado. Mantenha os joelhos bem estendidos, os glúteos trabalhando e o abdome contraído (figura 6.55).
2. Segure por um segundo e respire naturalmente.
3. Mantenha a cabeça e os ombros

Fig. 6.56

exatamente onde estão, rotacione o quadril até que um lado fique alinhado com o outro. Os joelhos devem estar estendidos. Olhe para o colchonete (figura 6.56).

4. Segure por um tempo e depois respire naturalmente.

5. Retorne à posição de prancha.

6. Rotacione para o outro lado e segure por alguns segundos.

7. Retorne rotacionando de volta à posição de prancha e ande com as mãos em direção à bola. Repita três vezes.

Princípios dos abdominais com a bola - Revisão

O mais profundo e importante músculo abdominal, o transverso do abdome, sustenta a espinha dorsal, estreitando a parede abdominal. Para localizar o transverso, coloque as pontas dos três maiores dedos a 2,5 cm dos quadris e force uma tosse. Com a contração correta, você sentirá a tensão nas pontas dos dedos conforme a parede abdominal ficar estreita.

Inspire pelo nariz e expire pela boca. Ao expirar, certifique-se de que o umbigo esteja levemente para dentro e os músculos abdominais fortemente contraídos. Tente direcionar a respiração para a caixa torácica, e não para o abdome.

Cada exercício começa com uma pequena puxada entre o umbigo e o osso púbico para ativar os músculos abdominais profundos e proteger a coluna.

Note que os músculos abdominais não ficam salientes, um sinal claro de que não estão mais contraídos.

Os músculos do assoalho pélvico conectam-se aos músculos abdominais profundos por meio do sistema nervoso. Contrair o "elevador" do assoalho pélvico ajudará a localizar e coordenar com a contração do transverso do abdome.

A pélvis neutra mantém a pélvis em uma posição segura, facilitando a contração do músculo transverso do abdome. Quando estiver na posição neutra, os dois ossos do quadril, e o osso púbico estarão no mesmo plano. Haverá uma concavidade natural na coluna lombar.

Estabilize o centro de força para evitar lesões durante o exercício, no esporte ou no dia a dia. A resistência e a força do abdome e da coluna lombar podem eliminar e evitar dores na coluna lombar e posturas inadequadas.

Pico

O pico é um movimento avançado criado para desafiar um corpo forte. Imagine-se suspenso no abdome por um gancho, preso no teto. Tente manter os joelhos e os membros inferiores estendidos enquanto levanta a pélvis com os músculos abdominais. Uma vez seguro no pique, abaixe a cabeça e olhe para a bola. Certifique-se de que a área em volta não possua objetos que possam machucar, caso perca o equilíbrio.

Objetivo: Fortalecer os músculos abdominais, os braços e a coluna. Esse exercício desenvolve o equilíbrio.

Pontos-chave: O corpo e as pernas devem estar contraídos. Mantenha o tronco firme quando elevado e os ombros devem estar relaxados e estabilizados.

Posição Inicial

Ajoelhe-se em frente à bola. Coloque as mãos no chão e ande até que a bola esteja em suas pernas ou tornozelos. As mãos devem estar no colchonete, afastadas na largura dos ombros. As pontas dos dedos devem estar paralelas ao corpo.

Fig. 6.57

Movimento 1: O pico

1. Certifique-se de que todo o tronco está alinhado: os glúteos e os adutores do quadril contraídos, a cabeça alinhada à coluna (figura 6.57). Inspire para preparar.
2. Usando os músculos abdominais, expire para levantar a pélvis o mais alto possível. Não flexione os joelhos. Abaixe a cabeça para que continue alinhada à coluna (figura 6.58).
3. Abaixe-se para voltar à posição de prancha.
4. Expire para realizar o pique. Vá o mais alto que puder, sem perder o controle.
5. Fique por alguns segundos e respire naturalmente.
6. Repita de quatro a seis vezes.
7. Retorne à posição de prancha e ande com as mãos em direção à bola.

Fig. 6.58

Concha com uma perna

Alterne esses movimentos avançados para que não faça os movimentos Flexão lateral, Prancha lateral com rotação, Pico e Concha com uma perna no mesmo dia. É essencial para a concha com uma perna que a bola esteja no lugar correto. Ela não deve estar na pélvis, e sim no final das coxas, próxima aos joelhos, mas sem fazer pressão. Ao colocar a bola para frente e para trás, você ativará os músculos infra-abdominais e os músculos dos quadris. Controle a bola, não deixe que ela controle você.

Objetivo: Fortalecer o abdome e o assoalho pélvico. Desenvolver equilíbrio e coordenação.

Pontos-chave: Certifique se a bola está diretamente em frente aos joelhos, caso contrário seu posicionamento estará incorreto quando estiver realizando a concha. Não flexione o tronco e o quadril quando estiver retornando à posição de prancha.

Fig. 6.59

Posição Inicial

Ajoelhe-se em frente à bola. Ande de modo que suas mãos estejam diretamente abaixo dos ombros e que a bola esteja em frente aos joelhos, nas coxas. Mantenha as coxas e os joelhos unidos (figura 6.59).

Fig. 6.60

Fig. 6.61

Fig. 6.62

Movimento: Concha com uma perna

1. Inspire para alongar a coluna na posição de prancha. Tire a perna direita da bola (figura 6.60).
2. Expire para contrair os músculos abdominais e levante o joelho esquerdo para puxar a bola para baixo de seu corpo. Apóie as mãos firmemente no colchonete (figura 6.61).
3. Inspire para trazer o joelho direito e fazê-lo encontrar-se com o esquerdo (figura 6.62). Você deve estar em posição de concha sobre a bola.
4. Expire para movimentar os membros inferiores, trazendo a bola de volta à posição de prancha.
5. Repita três ou quatro vezes, alternando as pernas.
6. Termine na posição de prancha. E, então, ande com as mãos em direção à bola.

Levantamento lateral ajoelhado

Nesse exercício, o tronco deve permanecer bem estendido enquanto os membros inferiores se movimentam. Mantenha o joelho estendido e imagine estar fazendo círculos com a perna a partir do começo do quadril, e não dos tornozelos ou joelhos. Mantenha a patela voltada para frente.

Objetivo: Fortalecer o transverso do abdome e o assoalho pélvico e desenvolver o equilíbrio e a coordenação. Exercitar os músculos do quadril, dos glúteos e das coxas.

Pontos-chave: Não abaixe os ombros ou o quadril quando estiver levantando os membros inferiores. Evite esse exercício caso tenha problemas nos joelhos. Mantenha a perna levantada e alinhada ao corpo. Somente levante o mais alto que puder para manter o tronco reto.

Fig. 6.63

Posição Inicial

Ajoelhe-se ao lado da bola. Coloque o antebraço sobre ela e estenda o joelho para o lado. Coloque a mão sobre o quadril. Apóie-se sobre o joelho (fig. 6.63). Mantenha a cabeça alinhada com os ombros.

Fig. 6.64

Fig. 6.65

Movimento 1: Abaixar e levantar a perna

1. Inspire para contrair os músculos abdominais e estenda o joelho elevando a perna até a altura do quadril (figura 6.64).
2. Expire para pressionar a perna para baixo, resistindo à gravidade.
3. Inspire para levantar. Expire para abaixar.
4. Repita oito vezes.

Movimento 2: Pequenos círculos

1. Inspire para contrair os músculos abdominais e estenda o joelho, elevando a perna à altura do quadril. Coloque a mão na testa.
2. Respire naturalmente, faça cinco círculos para frente e cinco círculos para trás (figura 6.65). Mantenha o tronco estendido.
3. Repita do outro lado.

Estrela

Começaremos essa postura de equilíbrio difícil certificando se os pés estão alinhados ao quadril. Gire o pé de modo que toda a parte lateral fique no colchonete. Depois, coloque um pé em cima do outro e somente levante a perna quando estiver equilibrado. Ao levantar a perna, tente manter os quadris à frente e os pés flexionados. Use a bola como apoio e não faça muito peso na bola.

Objetivo: Fortalecer os músculos do abdome e do assoalho pélvico e desenvolver o equilíbrio.

Pontos-chave: Mantenha o abdome bem estável e o tronco estendido; seu corpo deve estar contraído. Não levante os ombros.

Fig. 6.66

Posição Inicial

Ajoelhe-se ao lado da bola e eleve seu tronco, fazendo que o quadril, e não a caixa torácica, fique sobre a bola. Afaste as pernas na largura dos ombros para começar. Apóie um braço sobre a bola.

Movimento: Estrela

1. Encontre seu equilíbrio e estreite a base de apoio para que a lateral do pé fique no colchonete com o outro pé em cima (figura 6.66). Inspire para preparar.

Fig. 6.67

Fig. 6.68

2. Expire para estender o tronco na posição de prancha. Não coloque peso sobre a bola ou sobre os ombros. Use o braço que está na bola para ajudar a levantar um pouco mais o corpo. Pressione a lateral do pé no colchonete (figura 6.67).

3. Quando estiver pronto, flexione o pé de cima e levante a perna e o braço (figura 6.68). Fique nessa posição por alguns segundos e respire naturalmente.

4. Retorne a perna e o braço e repita o movimento três. Mude o lado.

Ports de bras

Esse gracioso exercício deve ser realizado lentamente e com suavidade para evitar lesões. Coloque os braços ao lado do tronco conforme estende o tronco e olha para os quatro cantos da sala. A cabeça (e o olhar) se moverá com o movimento dos braços, mas os quadris devem permanecer para frente.

Objetivo: Movimentar-se com fluidez, mantendo uma contração abdominal.

Pontos-chave: Trabalhar lenta e suavemente, evitando lesões. Mantenha os quadris para frente.

Fig. 6.69

Posição Inicial

Sente-se na bola. Mantenha os pés para frente, flexione os quadris e os joelhos e fique em posição de agachamento. Seus pés devem estar afastados pela distância dos ombros. Segure uma bola pequena na altura do tórax (figura 6.69).

Movimento: Ports de bras

1. Inspire e leve o braço para trás, seguindo a bola com os olhos. Alongue para trás, tentando olhar para um dos cantos da sala (figura 6.70).
2. Expire e continue o movimento, colocando o braço para trás até conseguir olhar para a parede atrás de você (figura 6.71).
3. Continue a girar o braço até olhar para o outro canto. O corpo irá fazer uma flexão lateral (figura 6.72).
4. Retorne à posição inicial. Inspire e mude a direção do movimento.
5. Realize três círculos de cada lado, devagar e delicadamente.

Fig. 6.71

Fig. 6.72

Prancha com as mãos na bola

Em todos os exercícios em que o peso é sustentado pelas mãos, é muito importante que os ombros permaneçam para baixo e relaxados. Um movimento de prancha ou flexão de braços sobre a bola é muito mais desafiador do que em uma superfície fixa. Mantenha o tronco estendido e rígido como uma tábua, e permaneça com o abdome contraído para evitar curvaturas convexas ou côncavas do tronco. Para um controle maior, coloque a bola contra uma parede.

Objetivo: Desenvolver a força dos músculos do abdome e do tronco e o equilíbrio.

Pontos-chave: Mantenha o quadril elevado. Os cotovelos devem ficar na diagonal. No movimento 2, não hiperestenda os cotovelos quando estiver estendendo-os.

Fig. 6.73

Posição Inicial
Ajoelhe-se em frente à bola. Coloque as mãos sobre a bola, separadas na largura dos ombros. Coloque uma perna para trás e depois a outra, até que esteja na posição de prancha. Os músculos abdominais devem estar contraídos (figura 6.73).

Movimento 1: Prancha
1. Mantenha o corpo contraído, sem movimentar-se, e mantenha a posição por alguns segundos.
2. Descanse e repita três vezes, segurando a posição por mais tempo a cada vez.

Movimento 2: Adicione a flexão
1. Inspire para flexionar os cotovelos, abaixando o tórax até a bola.
2. Expire para estender os cotovelos.
3. Inspire para abaixar. Expire para estender.
4. Repita oito vezes.

Joelhos sobre a bola

A prática leva à perfeição nesse formidável exercício de equilíbrio. Todos os músculos do tronco devem trabalhar, caso contrário você não conseguirá manter o equilíbrio. Comece subindo sobre a bola, abraçando-a com as regiões mediais das coxas e tirando os pés do colchonete. Tente se equilibrar com as mãos e com os joelhos. Quando estiver estendido, contraia levemente os glúteos e mantenha o cóccix para baixo. Certifique-se que o espaço ao redor da bola está completamente livre de qualquer objeto que possa ferir, caso perca o equilíbrio. Você pode precisar que alguém ajude no começo.

Objetivo: Desafiar a força dos músculos do abdome e do assoalho pélvico e o equilíbrio.

Pontos-chave: Domine um passo antes de prosseguir para o outro. Não segure a bola com os pés. O ideal é que eles fiquem fora da bola. Trabalhe num espaço grande e vazio.

Fig. 6.74

Posição Inicial

Comece atrás da bola e coloque as mãos afastadas na largura dos ombros sobre a bola.

Movimento 1: Mãos e joelhos sobre a bola

1. A seu tempo, levante lentamente o corpo e coloque-o sobre a bola, até que somente os dedos dos pés fiquem no colchonete. Os joelhos devem estar levemente afastados.
2. Quando estiver pronto, tire os dedos do colchonete e fique ajoelhado por alguns segundos (figura 6.74). Fique nessa posição o máximo que conseguir.
3. Repita de três a cinco vezes.

Fig. 6.75

Movimento 2: Ajoelhe-se sobre a bola

1. Depois de praticar o *movimento 1* por algum tempo, comece levantando lentamente o tronco.
2. Fique estendido com as mãos nos quadris e mantenha o cóccix para baixo (figura 6.75). Respire naturalmente e fique nessa posição o máximo que puder
3. Para voltar, coloque as mãos sobre a bola, role-a para trás e coloque os pés no colchonete.
4. Repita de três a cinco vezes.

7

Exercícios de curta duração

Os exercícios de curta duração que serão apresentados são sessões completas, mas, para uma aptidão balanceada, esses exercícios precisam ser complementados com um programa de flexibilidade, condicionamento aeróbio e treinamento de força.

Ao selecionar os exercícios de curta duração de *Abdominais com bola*, certifique-se do nível em que você está. Inicie o treinamento de abdominais com apenas 15 minutos de prática por dia, ou então 30 minutos, três ou quatro vezes por semana. Lembre-se de fazê-los com ritmo e intensidade, sem se sacrificar. Finalmente, você deve prosseguir devagar de um exercício para outro sem parar; essa abordagem desenvolve resistência. Mesmo que esteja fazendo os mesmos exercícios todos os dias, tente descobrir algo novo em cada movimento. Abdominais com Bola é um trabalho muito estruturado – a concentração e o foco irão ajudá-lo a descobrir novas camadas.

Caso esteja treinando para um esporte em particular, os quinze minutos de abdominais na bola básicos podem ser utilizados como aquecimento. Exercícios de curta duração intermediários e avançados, entretanto, podem fadigar a região abdominal.

Cada exercício de curta duração foi pensado para o tempo e o nível do praticante. Os números das páginas permitem que você volte para obter instruções completas; as fotos fornecem uma breve referência. Realize de seis a oito repetições em cada movimento, a menos que haja indicação contrária.

A agenda de exercícios de rotina o mantém sempre em alerta. Mais rápido do que você imagina, perceberá as mudanças significativas na sua postura, no caimento de suas roupas e, o mais importante de tudo, no seu corpo. Aproveite os abdominais com bola e conte para as pessoas o segredo desse sucesso!!!

Praticando 15 Minutos de Abdominais: nível básico

Praticando os exercícios fundamentais (pp.19-30)

1. Respiração torácica

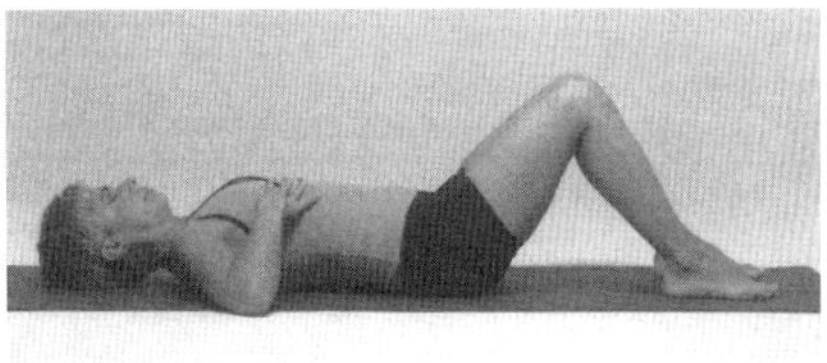

2. Deitado com a pélvis neutra no colchonete

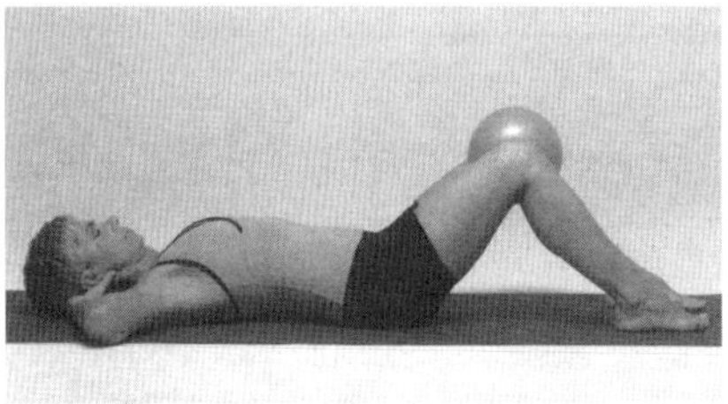

3. Levantando a cabeça do colchonete

4. Exercício do assoalho pélvico (imagine o assoalho pélvico direcionando para frente e contraindo)

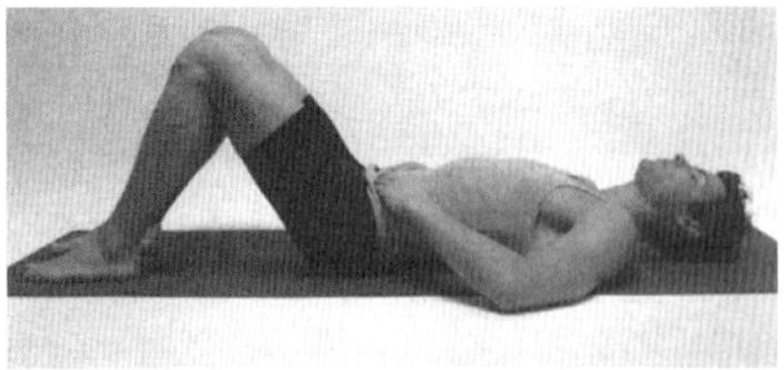

5. Sentindo o transverso do abdome (coloque os dedos em frente aos ossos do quadril para sentir a pressão conforme contrai o assoalho pélvico)

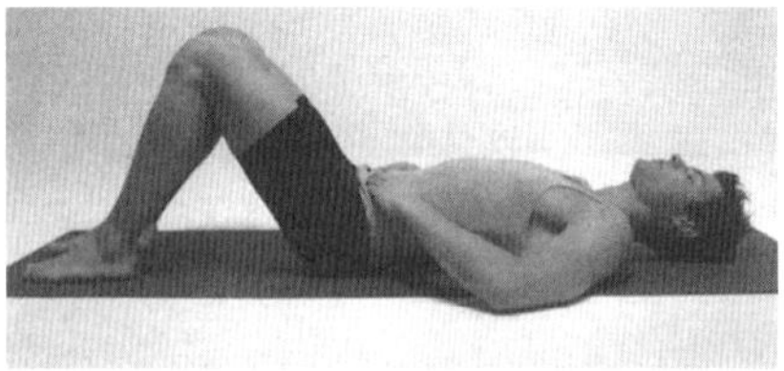

Abdominal curto com bola pequena (p.32)

6. Abdominal curto(utilize a expiração para contrair a região infraumbilical e levantar a cabeça)

Abdominal com meio rolamento, braços elevados e joelhos flexionados em 90 graus (p.34)

7. Sem elevação dos braços

8. Com elevação dos braços (mantenha uma mão atrás da cabeça caso tenha dores no pescoço)

Extensões com bola pequena (p.36)

9. Abdome contraído (utilize uma bola bem murcha sob a pélvis)

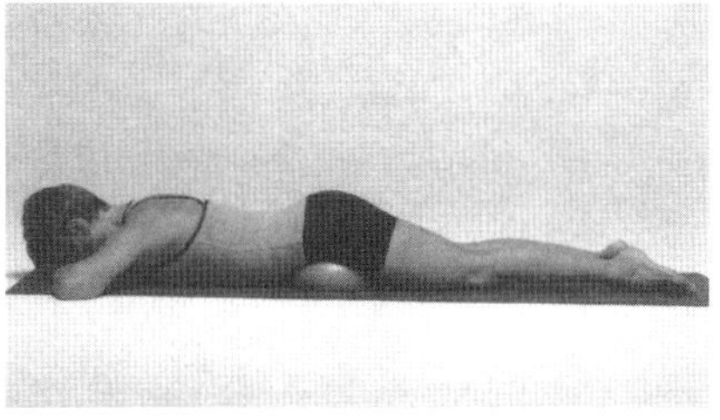

10. Extensão de joelho

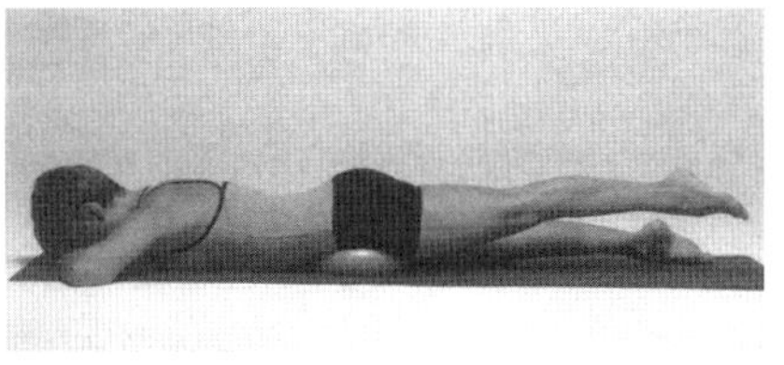

11. Concha

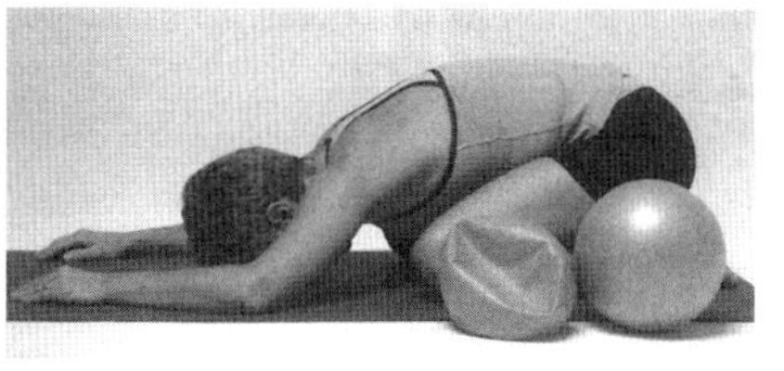

Meio rolamento abdominal excêntrico (p. 39)

12. Meio rolamento excêntrico (mantenha a curva C com o abdome contraído)

13. Meio rolamento excêntrico dos oblíquos

Rolando como uma bola (p.41)

14. Sem rolar para trás

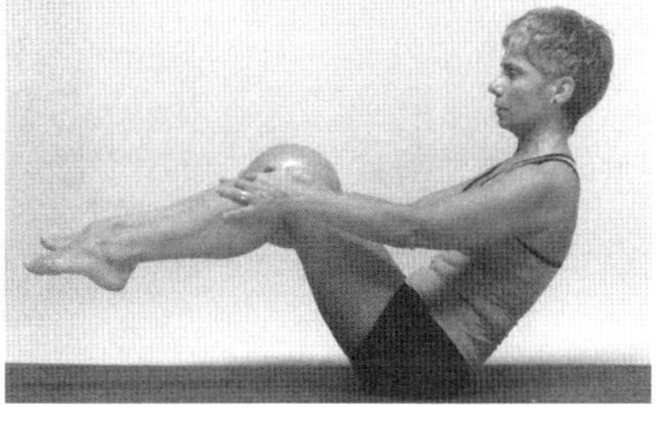

15. Rolando como uma bola

Extensão e elevação com bola (p. 43)

16. Cabeça abaixada ou levantada (caso tenha dores na lombar, mantenha as pernas elevadas)

Rotação do tronco (p. 46)

17. Rotação do tronco (mantenha a pélvis estável)

18. Apenas aperte (evite a hiperlordose da coluna)

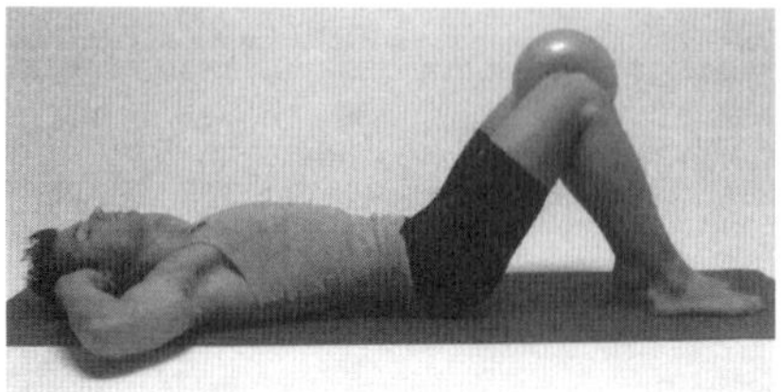

Abdominais curtos com bola pequena (p. 52)

19. Abdominais (contraindo o abdome e mantendo a pélvis na posição neutra)

20. Adicionando rotação do tronco (oito vezes para o mesmo lado, repetindo o exercício do outro lado)

Deslizamento dos quadris com bola pequena (p. 50)

21. Deslizamento comum dos quadris (imagine as vértebras se movimentando individualmente)

22. Com os braços estendidos (contraia os glúteos; o assoalho pélvico deve estar contraído)

Praticando 30 Minutos de Abdominais: nível básico

Praticando os exercícios fundamentais (pp. 19-29)

1. Respiração lateral (ambos os lados)

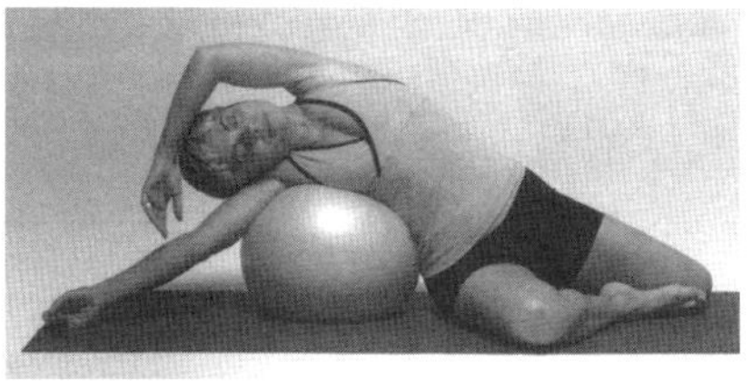

2. Pélvis na posição neutra no colchonete

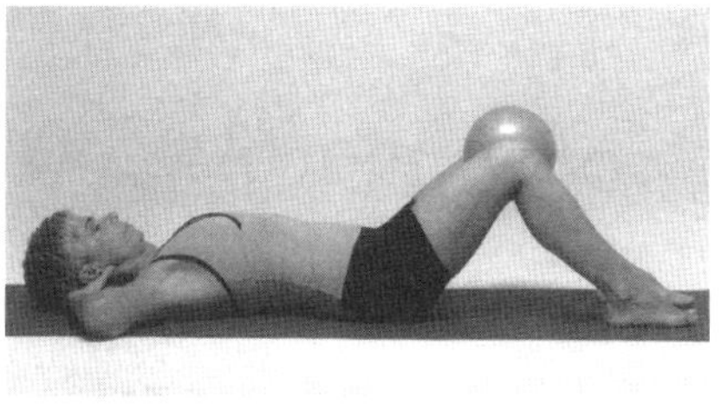

3. Contração infra-abdominal forte (mantenha a contração por 10 segundos, respirando naturalmente)

4. Adicionando levantamento das mãos e contração

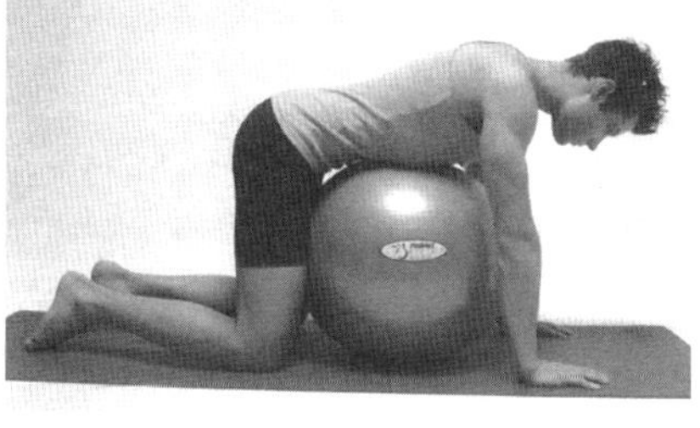

5. Exercício de elevação do assoalho pélvico (pausa após três exercícios, mantendo contração de 5 a 10 segundos em cada exercício)

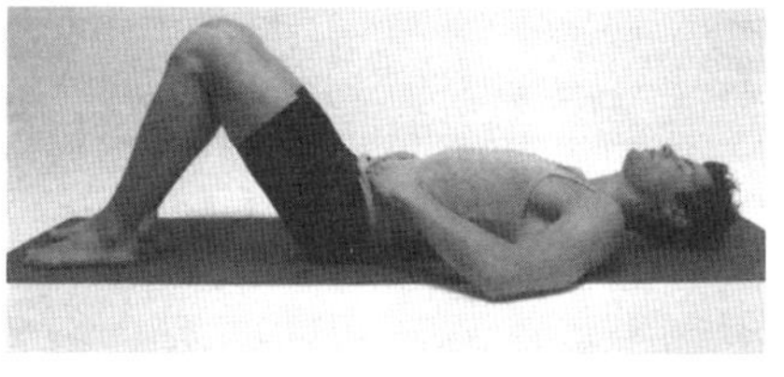

Abdominal curto com bola pequena (p.31)

6. Abdominal curto

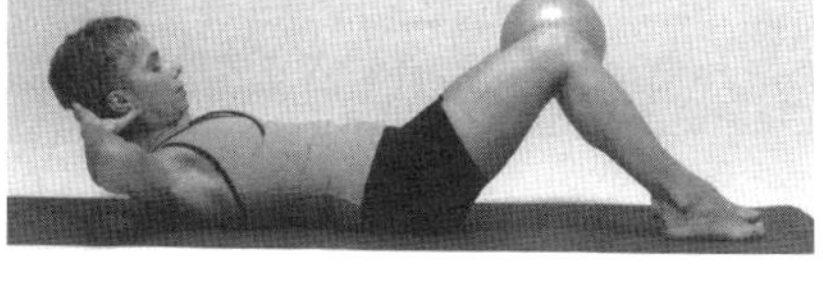

Abdominal com meio rolamento, braços elevados e quadril e joelhos flexionados em 90 graus (p. 33)

7. Com elevação do braço

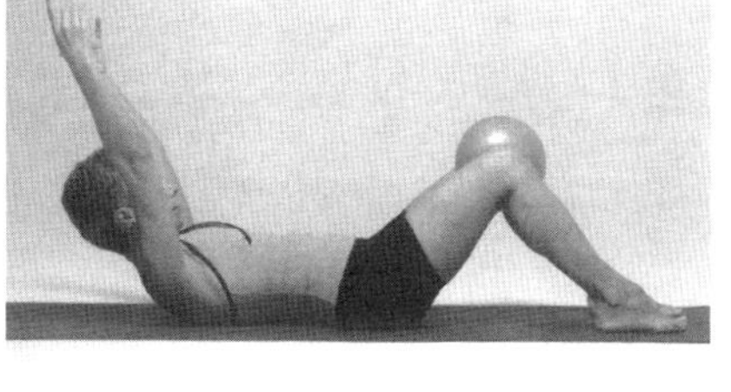

8. Com elevação de pernas e joelhos flexionados (manter as pernas próximas ao corpo até o desenvolvimento da força)

Extensões com bola pequena (p. 36)

9. Contraindo fortemente o transverso do abdome

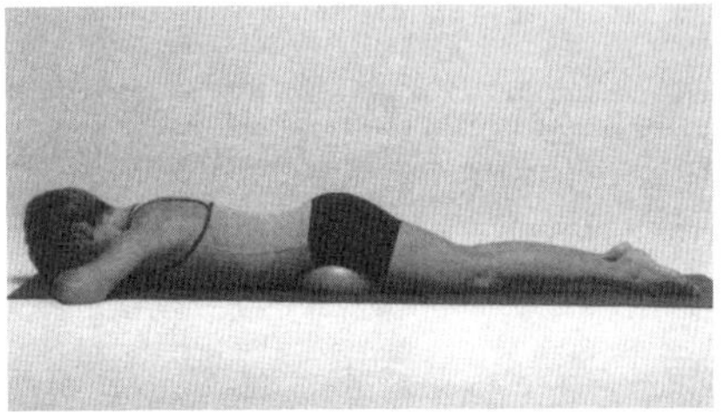

10. Extensão de baixa amplitude

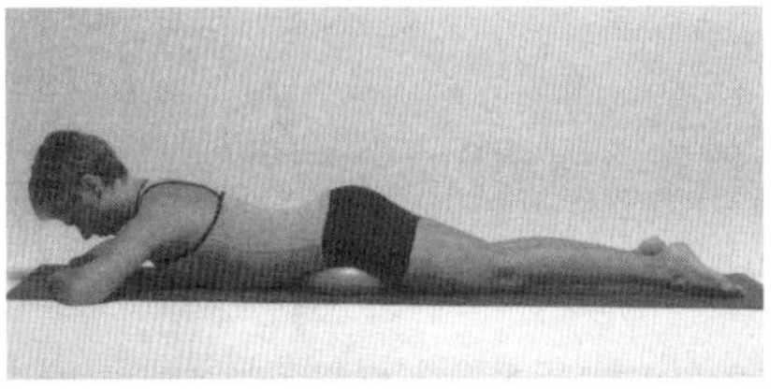

11. Extensão de joelho

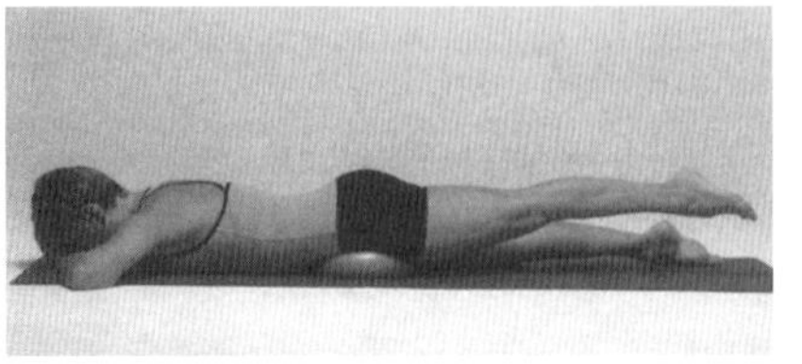

12. Extensão de braços (repita cinco vezes para então mudar de lado

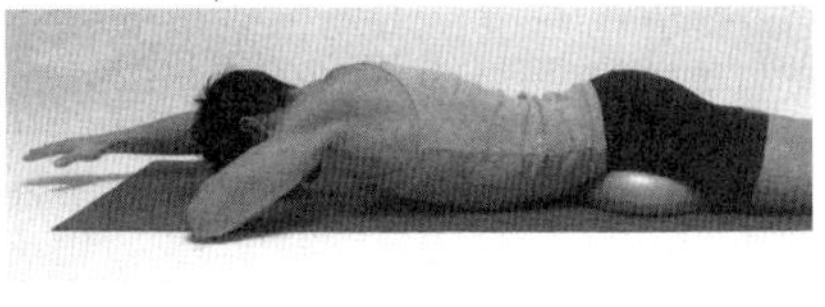

13. Concha

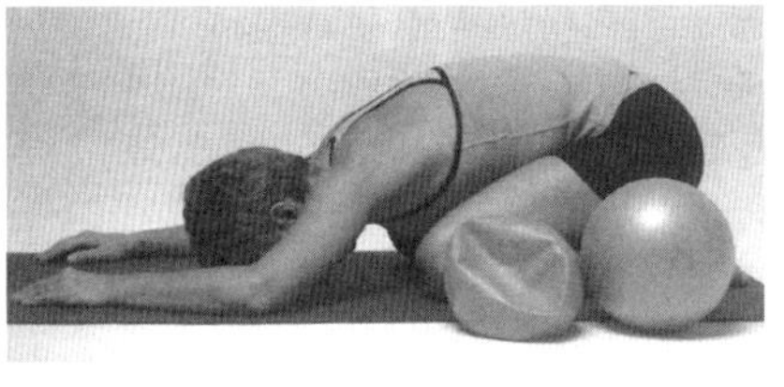

Meio rolamento - abdominal excêntrico (p. 39)

14. Meio rolamento excêntrico

15. Meio rolamento excêntrico dos oblíquos

Rolando como uma bola (p. 41)

16. Rolando como uma bola

Extensão e elevação com bola (p. 43)

17. Passando a bola sob a perna

18. Com apoio de uma bola pequena

Rotações do tronco (p. 46)

19. Rotação do tronco

20. Apenas aperte

21. Usando dos músculos abdominais profundos

Exercício lateral com bola pequena (p.48)

22. Aperte a bola

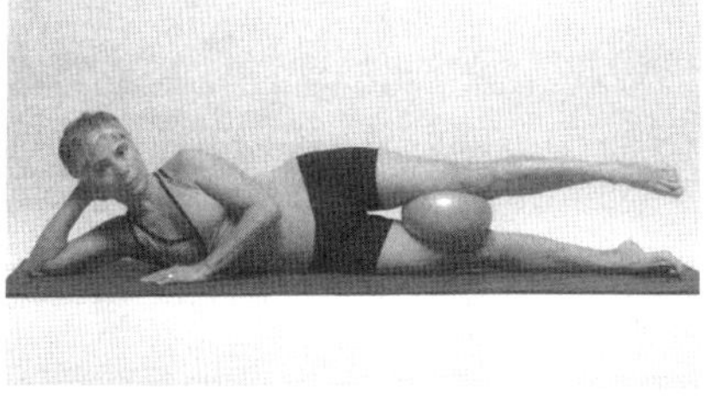

23. Pressão com a perna que está em cima

24. Aperte o tornozelo e levante-o

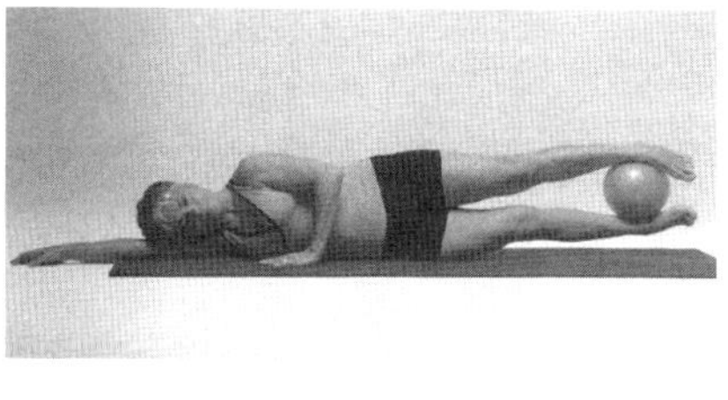

25. Círculos com a região medial das coxas (execute os exercícios laterais em ambos os lados)

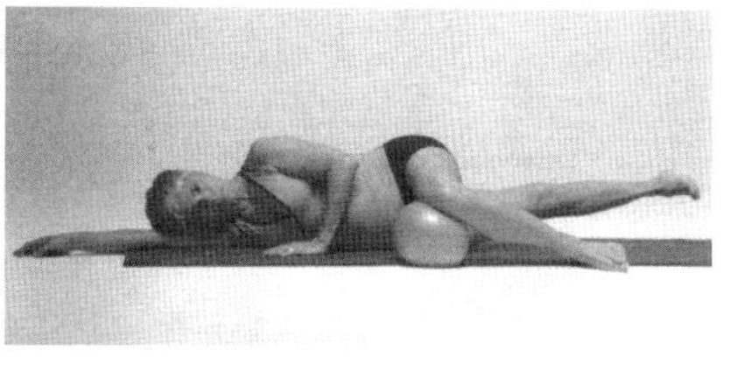

Cachoeira (p. 54)

26. Cachoeira (evite se estiver com dores lombares)

Rolamentos de quadril com bola grande (p. 56)

27. Deslizamento de quadril comum

28. Mantenha a pélvis no ar (segure firmemente a pélvis por 15 a 20 segundos, respirando naturalmente)

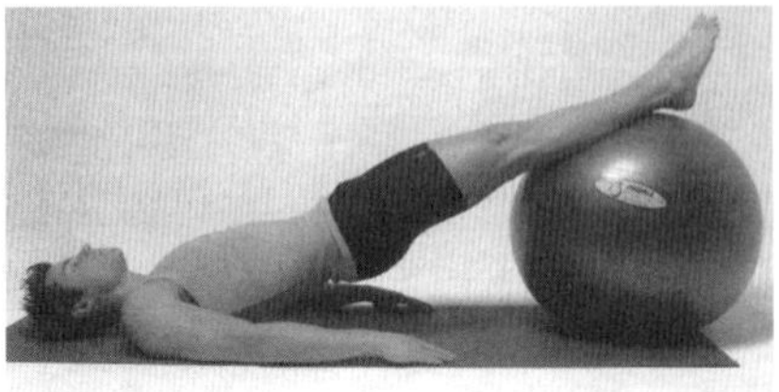

Rolamentos de quadril com equilíbrio (p. 57)

29. Levante os punhos

30. Levante a cabeça (evite a hiperlordose, portanto, não levante muito a pélvis, respire naturalmente)

Equilibrando a bola (p. 66)

31. Usando a parede (use uma bola pequena sob os quadris para firmar a coluna lombar ou isquiotibiais)

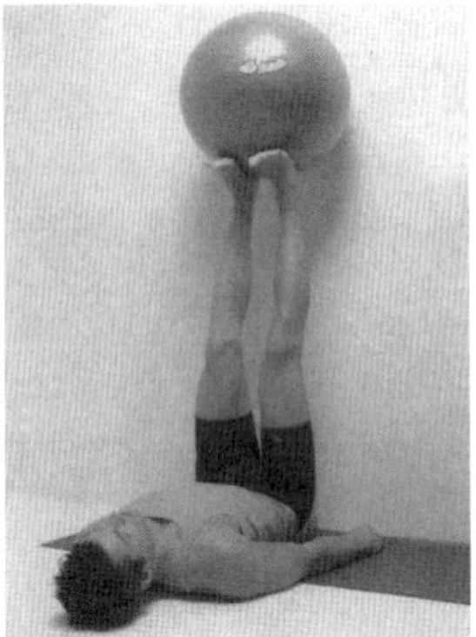

Caminhando para cima e para baixo (p. 62)

32. Dedos sobre a bola (use um colchonete e, quando estiver pronto, adicione velocidade)

33. Mãos fora da bola

Rolando de um lado para outro (p. 65)

34. Rolando de um lado para outro (mantenha a pélvis voltada para frente)

Abdominal curto com bola grande (p. 59)

35. Quadril para cima (faça oito repetições de cada lado)

36. Variação de abdominal oblíqua

Rolamento dos quadris com extensão de joelho (p. 51)

37. Alongue a coluna e os músculos abdominais (evite se estiver com dores lombares)

38. Rolamento de quadril comum

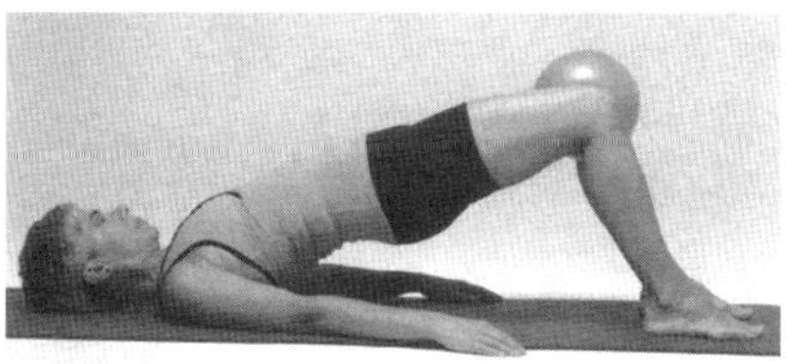

39. Com extensão dos joelhos

Expandindo o tórax (p. 116)

40. Expansão do tórax

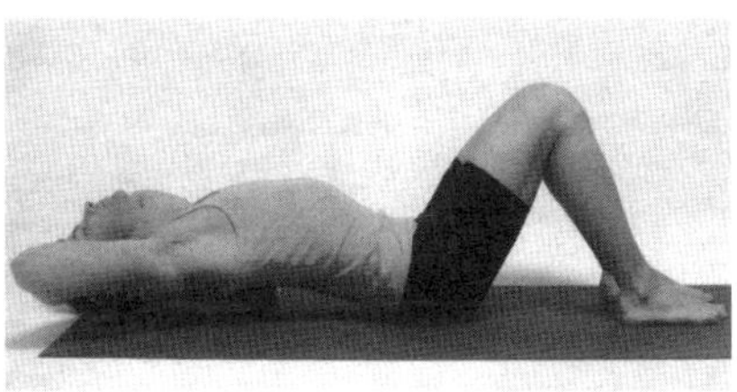

41. Expansão do tórax com rotação

Praticando 15 minutos de Abdominais: nível intermediário

Praticando os exercícios fundamentais (pp. 19-30, 69-76)

1. Sentado, encontre o equilíbrio com a força (deixe o abdome contraído por 10 a 25 segundos e descanse por 10 a 25 segundos)

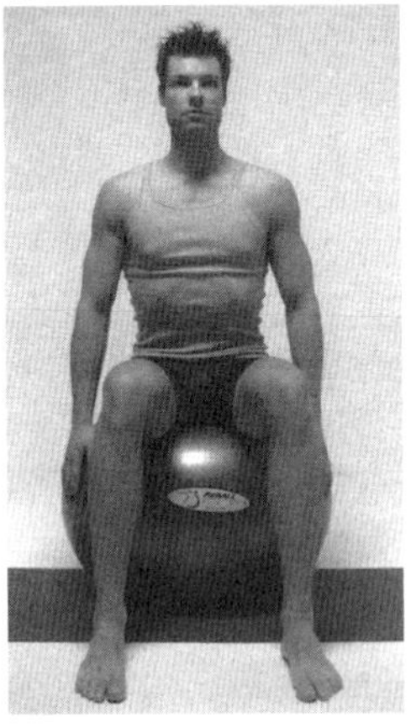

2. Levante e estenda a perna

3. Respiração torácica

4. Exercício de elevação do assoalho pélvico

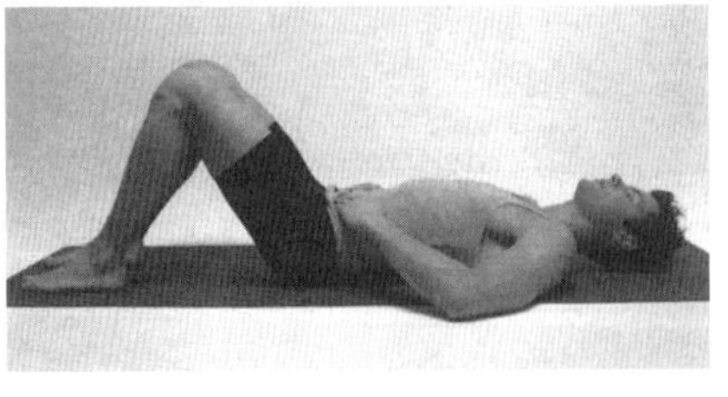

Abdominal curto com bola pequena (p. 32)

5. Abdominal curto

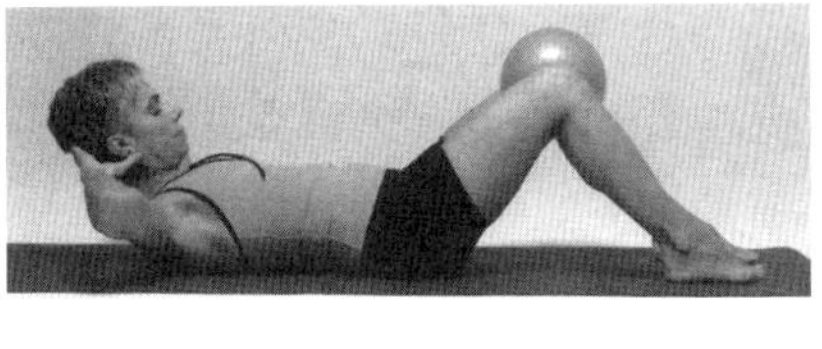

Cachoeira (p. 54)

6. Cachoeira

Rolamento completo (p. 77)

7. Rolamento completo (evite se tiver dores lombares)

Rolando como uma bola (p.41)

8. Com uma bola grande

Extensão das pernas

9. Com uma bola pequena como suporte

10. Sem a bola pequena como suporte (mantenha a cabeça no colchonete se tiver tensão no pescoço)

Abaixe e levante (p. 84)

11. Abaixe e levante

Rotação do tronco (p. 88)

12. Joelhos flexionados

Círculos com as pernas, bicicleta e tesoura no ar (p. 90)

13. Afasta e fecha (deixe o abdome bem contraído para manter a coluna lombar sobre a bola)

14. Círculos com as pernas (várias direções)

15. Tesoura no ar

16. Bicicleta no ar (cinco pedaladas de cada lado, e então reverta a direção)

Coxas e tornozelos contraídos na posição Cisne (p. 95)

17. Pressione a bola com as coxas

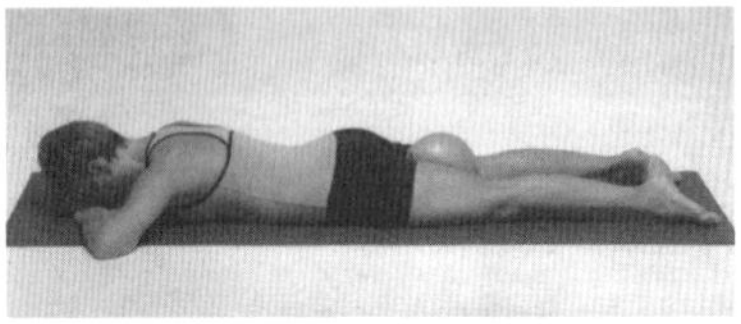

18. Aperte a bola nos tornozelos

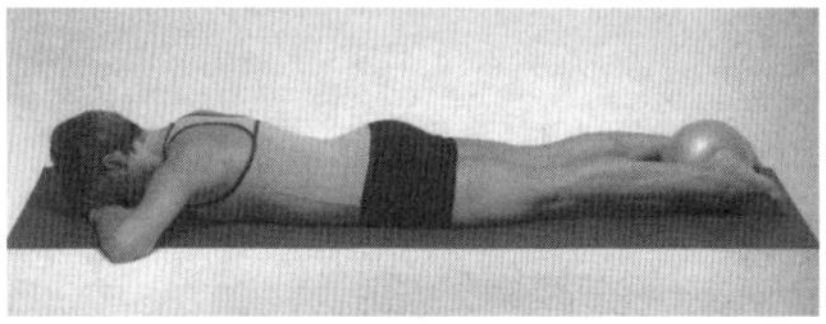

19. Levante e pressione a bola

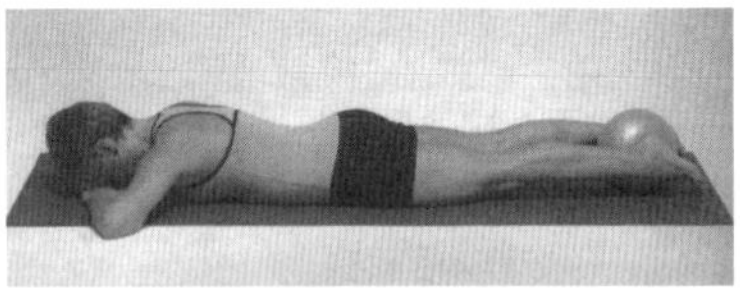

20. O gato

Sobre os cotovelos (p. 93)

21. Flexione e estenda os joelhos

22. Afaste e junte as pernas (não eleve os ombros)

Extensões do tronco de joelhos (p. 103)

23. Sobre os joelhos

Concha lateral com chute (p. 108)

24. Sem chute

25. Com chute (certifique se a bola está na posição correta antes de começar)

26. Concha na bola

Praticando 30 minutos de Abdominais: nível intermediário

Praticando os exercícios fundamentais (pp. 19-30, 69-76)

1. Exercício de estabilização elevando um joelho (abaixe e levante lentamente a perna, mantendo o abdome contraído)

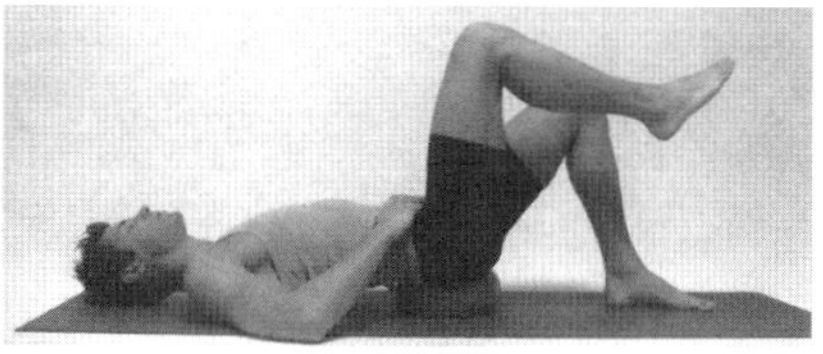

2. Exercício de estabilização e levantamento dos joelhos

3. Respiração lateral (ambos os lados)

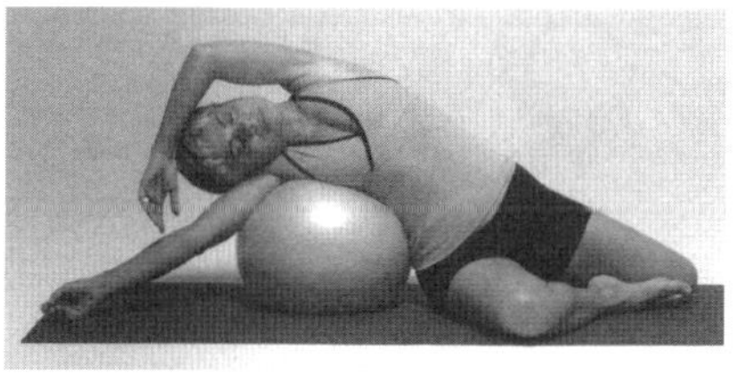

4. Posição neutra da pélvis deitado no colchonete

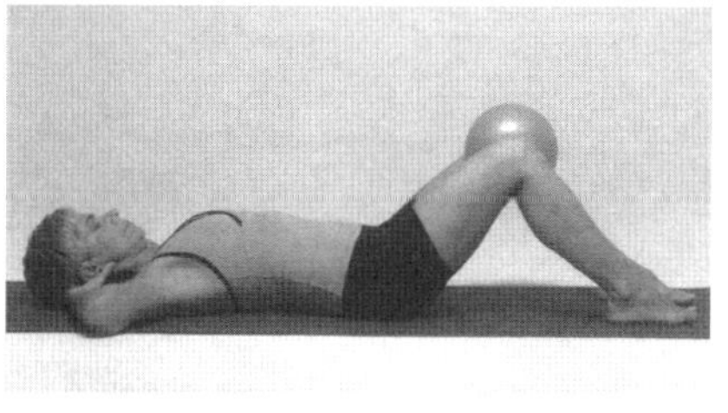

Abdominal curto com bola pequena (p. 32)

5. Abdominal curto

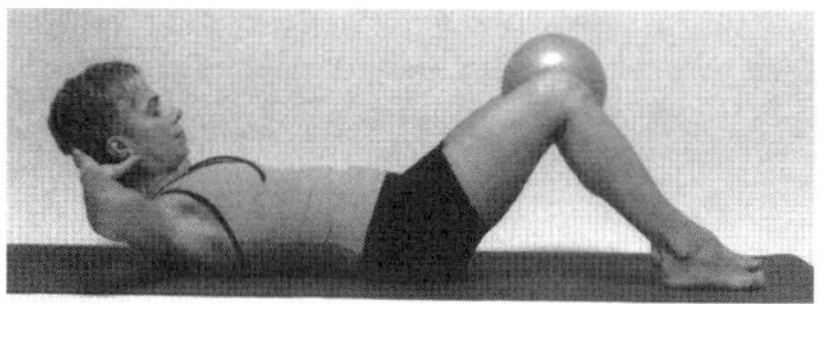

6. Segure a contração (segure por três segundos)

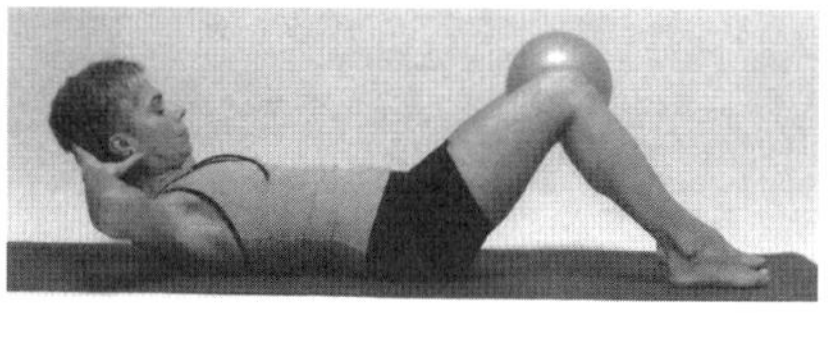

Cachoeira (p. 54)

7. Cachoeira (evite se tiver dores lombares)

Rolamento completo (p. 77)

8. Rolamento completo (evite se tiver dores lombares)

Extensão dos joelhos (p. 79)

9. Sem a bola pequena como suporte

Rolamento com a coluna (p. 81)

10. Pés no colchonete

11. Pernas para cima

Flexão de quadril e bicicleta (p. 86)

12. Pernas para cima (três chutes para cada lado)

13. Bicicleta sobre a bola (faça um pouco de cada lado)

14. Pernas em V (coloque as mãos no colchonete e levante o corpo)

Rotação do tronco (p. 88)

15. Joelhos flexionados (pressione o abdome quando levar as pernas para o centro)

16. Joelhos estendidos e elevados

Coxas e tornozelos contraídos na posição "Cisne" (p. 95)

17. Pressione a bola com as coxas

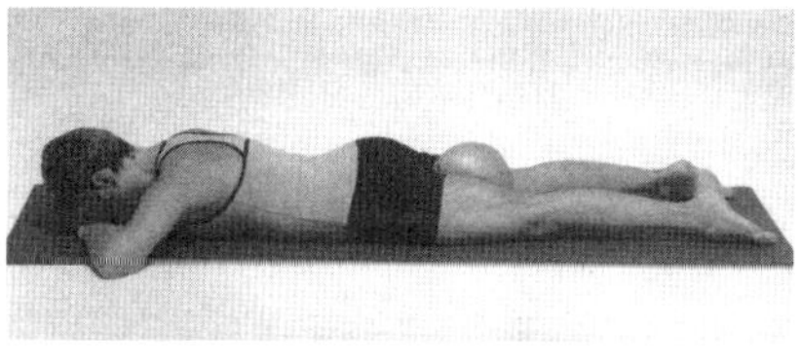

18. Levante a perna e pressione a bola

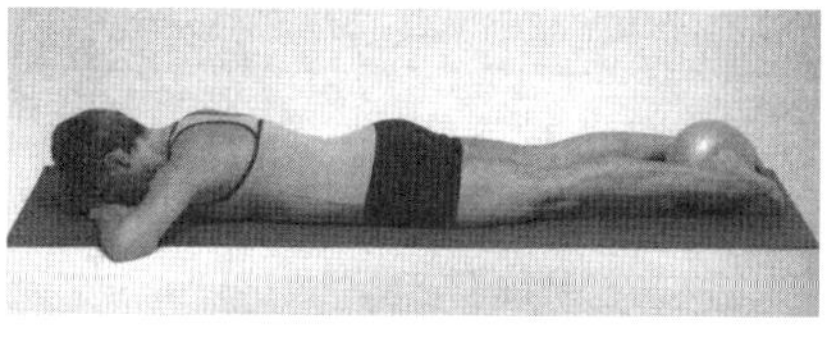

19. Joelhos flexionados e região medial da coxa contraída

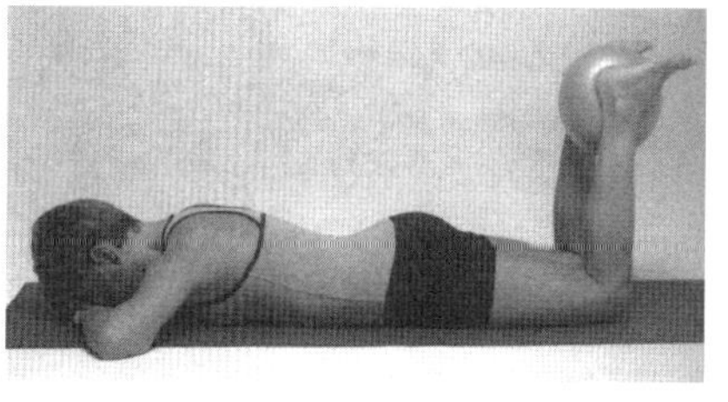

20. Cisne apoiado

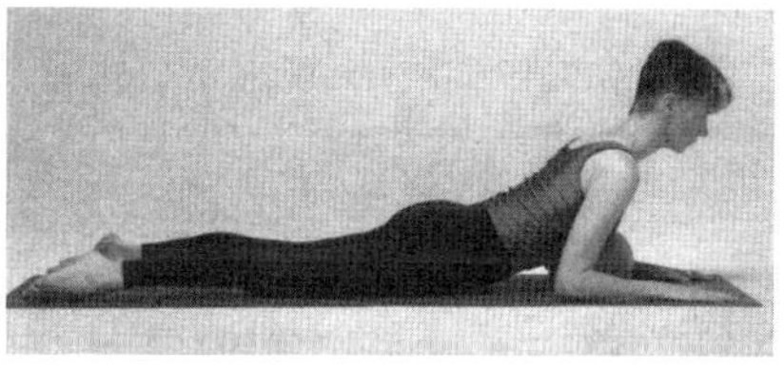

21. O gato (eleve o tórax)

Flexione e estenda os joelhos (p. 98)

22. Flexione e estenda (mantenha as pernas a 45 graus ou mais nos dois exercícios

23. Rotação com bola

Abdominal invertido (p. 100)

24. Abdominal invertido (mantenha a coluna lombar no colchonete à medida que levanta o quadril)

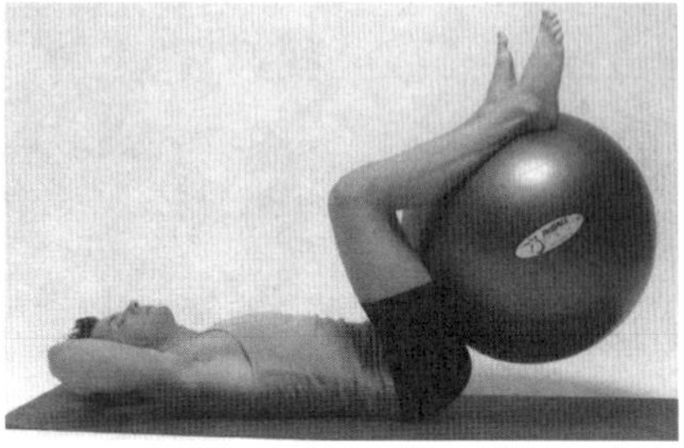

Rolamento de quadril com equilíbrio (p. 57)

25. Mantenha a pélvis no alto

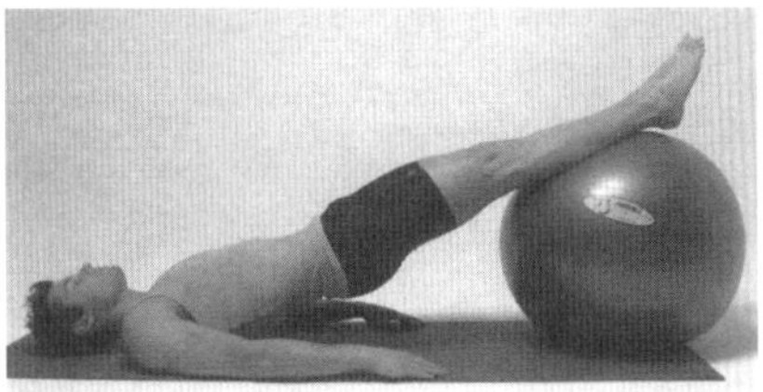

26. Levante os punhos

27. Levante a cabeça

Levantamento de quadril (p. 101)

28. Elevação de quadril (repita três vezes e tente com uma bola pequena)

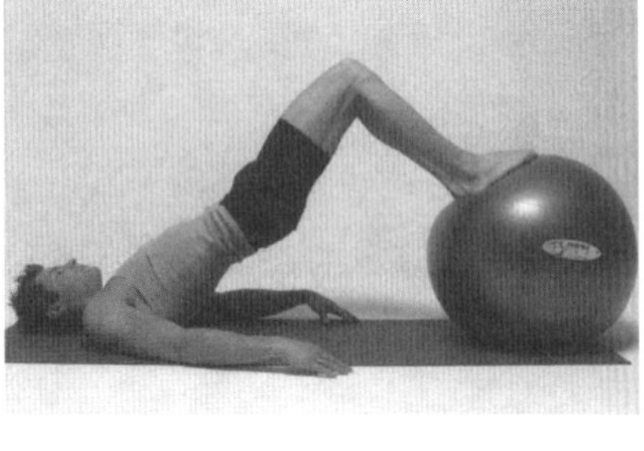

29. Alongue os isquiotibiais

Equilibrando a bola (p. 66)

30. Sem ajuda da parede

Inclinação lateral (p. 104)

31. Inclinação lateral

Abdominais laterais (p. 105)

32. Braços cruzados no tórax (use a parede para estabilizar seus pés)

Prancha (p. 106)

33. Com os pés na bola

34. Levante um pé ou levante pé lateralmente

Extensão do tronco de joelhos (p.103)

35. Sobre os joelhos (em ambos os lados)

Arabesque (p. 110)

36. Cegonha (repita duas ou três vezes cada lado)

37. Arabesque (repita duas ou três vezes cada lado)

Equilíbrio na "mesinha" (p. 114)

38. Equilíbrio na "mesinha"

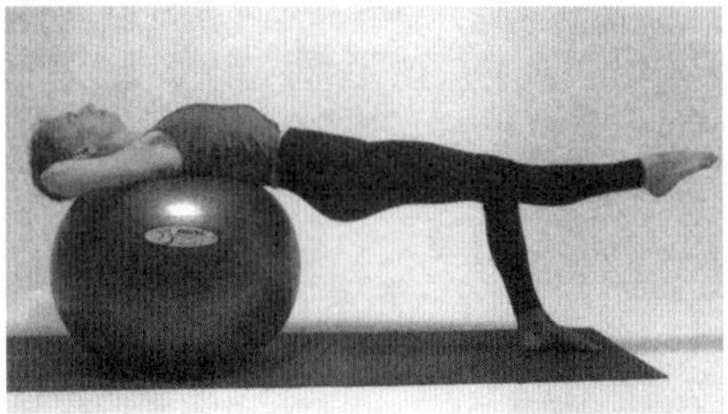

39. Equilíbrio sem apoio das mãos e com um dos pés

40. Alongando os abdominais

Praticando 15 Minutos de Abdominais: nível avançado

Praticando os exercícios fundamentais (pp.19-30, 69-76, 119-124)

1. Com uma das pernas: pipa

2. Com uma das pernas: árvore

3. Pés sobre duas bolas pequenas

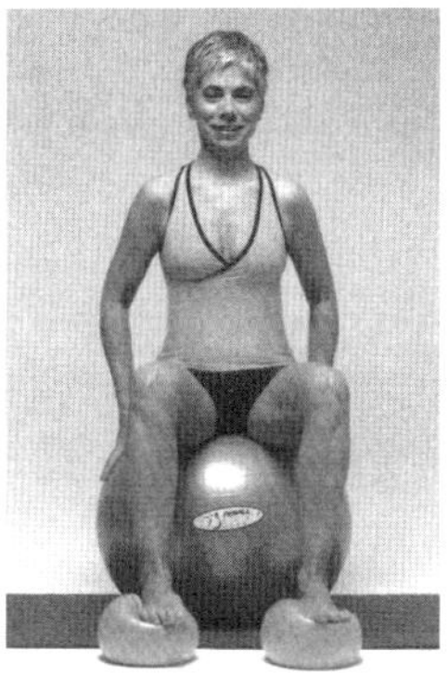

4. Joelhos levantados estabilizando os exercícios na bola pequena

Abdominais curtos com bola pequena (p. 32)

5. Abdominal curto

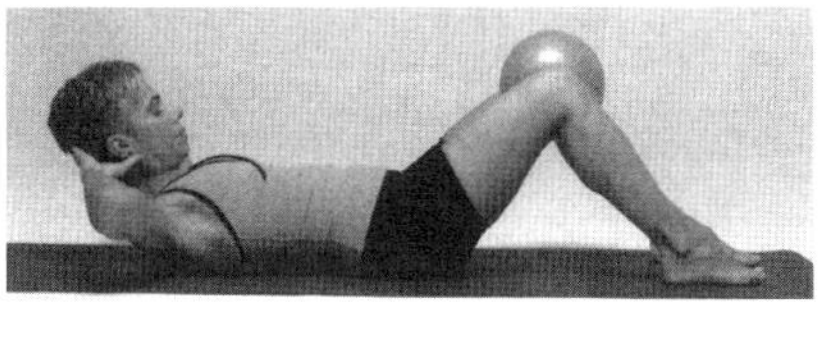

O Cem (p. 125)

6. O cem

Rolamento Completo (p.77)

7. Rolamento completo

Rolando como uma Bola (p. 41)

8. Com uma bola grande

Extensão dos Joelhos (p. 79)

9. Sem a bola pequena como suporte

Rolamento (p. 126)

10. Com uma bola grande ou pequena nos calcanhares (não leve seu peso para trás, evite se tiver dores lombares e no pescoço)

Ponte lateral com bola pequena (p. 133)

11. Ponte lateral
(segure por 5 ou 10 segundos; repita para o outro lado)

Extensão de tronco com balanço (p. 138)

12. Conectando a coluna com o umbigo

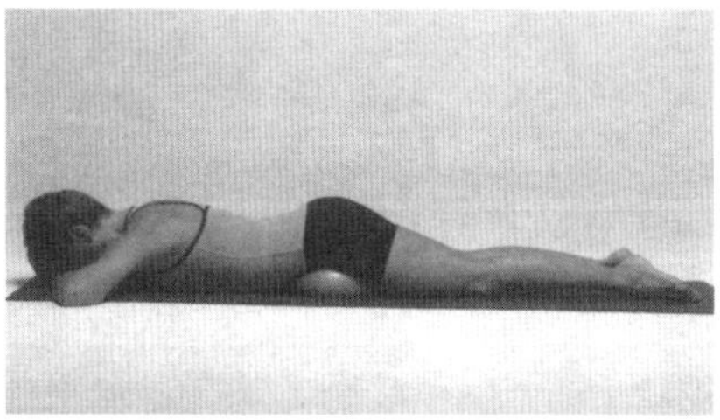

13. Pequenas extensões de tronco

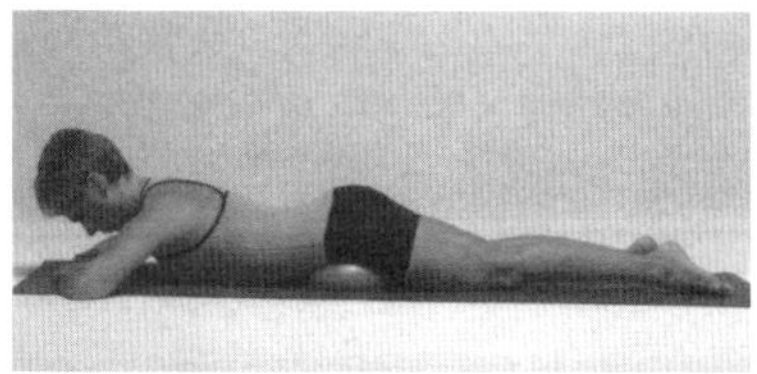

14. Extensão do tronco com balanço

15. Alongamento em concha

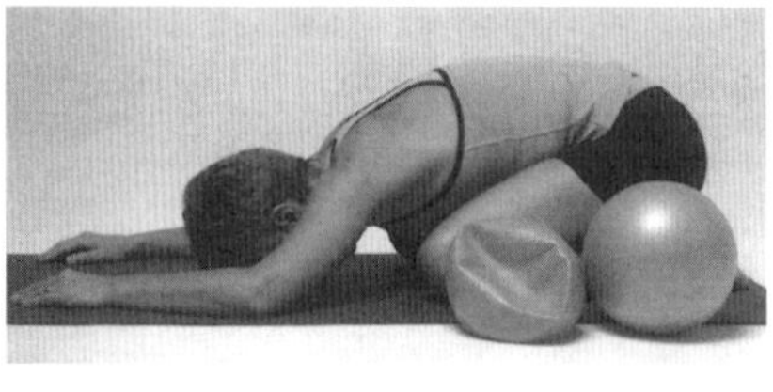

Tesouras (p. 140)

16. Tesouras

Teaser (p. 142)

17. Elevação dos membros inferiores (pode ser realizada com bola grande ou pequena)

Flexão lateral e rotação (p.145)

18. Flexão lateral (evite esse movimento caso tenha problemas nos punhos, ombros e pescoço)

19. Adicione rotação (repita duas vezes e troque de lado)

Pico (p. 151)

20. O pico

Equilíbrio na "Mesinha" (p. 114)

21. Equilíbrio na "mesinha"

Prancha (p. 106)

22. Levante um pé ou levante o pé lateralmente

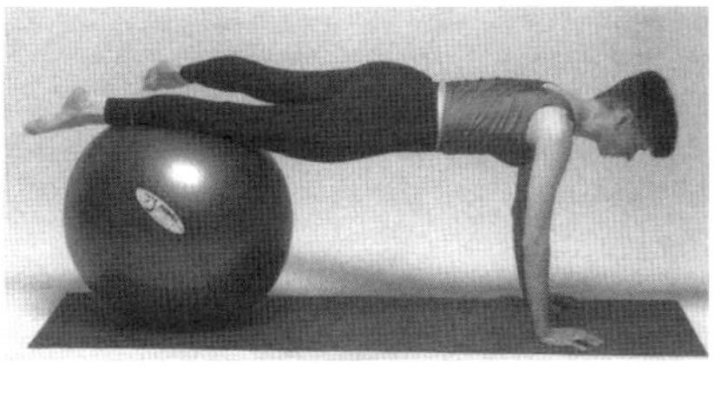

23. Concha sobre a bola

Praticando 30 minutos de Abdominais: nível avançado

Praticando os exercícios fundamentais (pp. 19-30, 69-76, 119-124)

1. Sente com a pélvis na posição neutra

2. Sentado encontre a região central do tronco

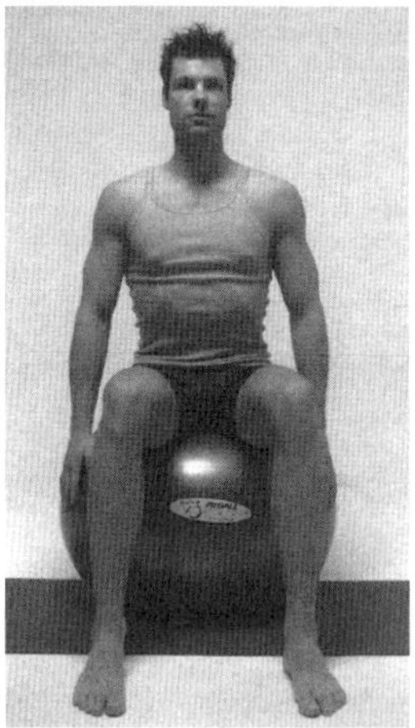

3. Levante e estenda as pernas

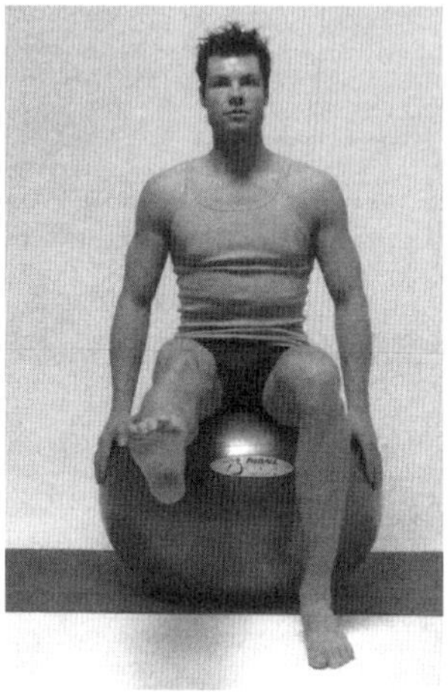

4. Pés e mãos opostas 4 cm

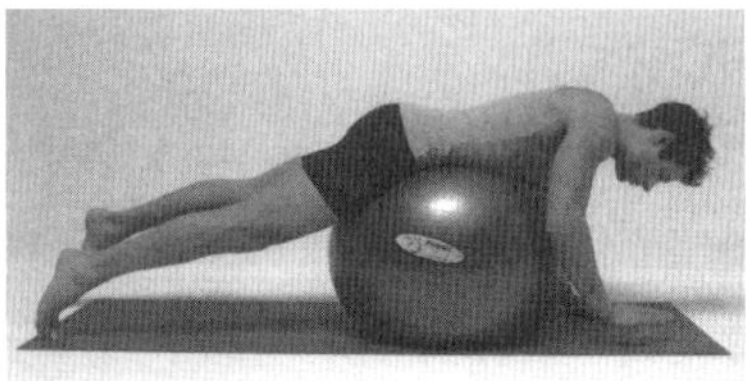

5. Pés e mãos opostas

6. Respiração torácica

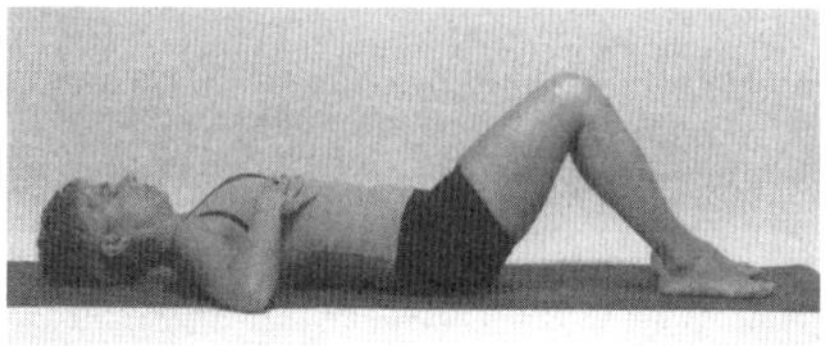

O Cem (pp. 125)

7. O cem

Extensão e Elevação com Bola (p. 43)

8. Cabeça levantada

9. Passando a bola sob a perna

Rotação do tronco (p. 88)

10. Joelhos flexionados

11. Pernas estendidas

Saca-rolha (p. 129)

12. Com uma bola pequena como suporte (mantenha pequenos ciclos para iniciar)

13. Saca-rolha completo (três repetições em cada direção, alternando a direção do círculo; faça a preparação saca-rolha caso ainda não esteja preparado)

Extensão de tronco com balanço (p. 138)

14. Pequenas extensões de tronco

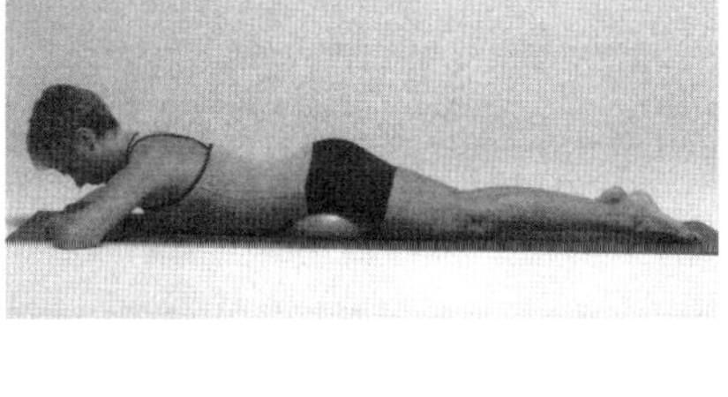

15. Extensão do tronco com balanço

16. Alongamento em concha

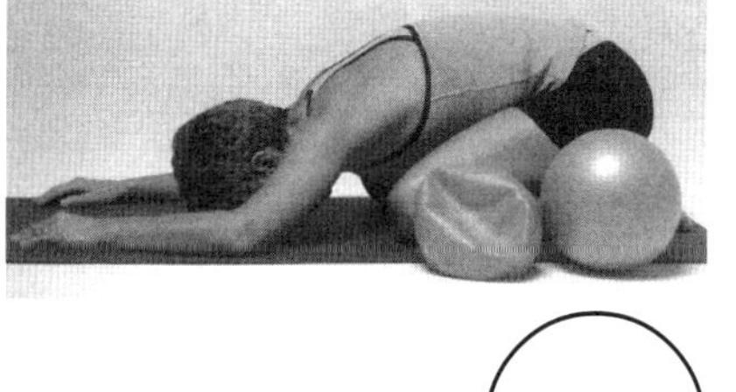

Bumerangue (p. 135)

17. Bumerangue

18. Inclinação e extensão dos joelhos

19. Afastamento e fechamento das pernas

Flexão de quadril e bicicleta (p. 86)

20. Pernas para cima ou bicicleta sentado na bola

21. Pernas em forma de V

22. Cachoeira

Rolamento completo (p. 77)

23. Rolamento completo

Extensão dos joelhos (p.79)

24. Extensão dos joelhos

Tesouras (p. 140)

25. Tesouras

Teaser (p. 142)

26. Tesouras com as pernas elevadas

Flexione e estenda os joelhos (p. 98)

27. Rodando a bola

Levantamento de quadril (p. 101)

28. Elevação dos quadris na bola grande ou pequena

29. Alongue os isquiotibiais

Prancha Lateral com Rotação (p. 149)

30. Prancha lateral com rotação

Concha com uma perna (p. 152)

31. Concha com uma perna

32. Concha sobre a bola

Levantamento lateral ajoelhado (p.154)

33. Abaixar e elevar a perna

34. Pequenos círculos (imagine-se circulando o quadril, e não os tornozelos)

Abdominal curto com bola grande (p. 59)

35. Quadril para cima

36. Variação de abdominal oblíquo

Ports de bras (p. 158)

37. Ports de bras (realizar movimentos rápidos e suavizar para prevenir lesões)

Estrela (p. 156)

38. Estrela

Prancha com as mãos na bola (p. 160)

39. Prancha, ou adicione flexões

Joelhos sobre a bola (p. 162)

40. Mãos e joelhos sobre bola (aprimore-se em um nível para depois passar para o próximo movimento)

41. Joelhos na bola

42. Extensão do tronco e abdominais

Referências Bibliográficas

CRAIG, Colleen. *Pilates on the ball*. Rochester, Vt: Healing Art Press, 2001.

CREAGER, Caroline. *Bounce back into shape after baby*. Berthoud, Colo.: Executive Physical Therapy, Inc., 2001.

GOLDENBERG, Lorne; TWIST, Peter. *Strenght ball training*. Champaign, Ill.: Human Kinetics, 2002.

JEMMETT, Richard. *Spinal stabilization*: the new science of back pain. Halifax: RMJ Fitness and Rehabilitation Consultants, 2002.

LINFORD, Monica. *Awaken your body, balance your mind*: chi ball method. London: Thorsons, 2000.

McGILL, Stuart. *Low back disorders*: evidence-based prevention and rehabilitation. Champaign, Ill: Human Kinetics, 2002.

POSNER-MAYER, Joanne. *Swiss ball applications for orthopedic and sports medicine*. Longmont, Colo.: Ball Dynamics Internacional, Inc., 1995.

Richardson, Carolyn; JULLGwendolen; HIDES, Julie; HODGES, Paul. *Therapeutic exercise for spinal segmental stabilization in low back pain*. London: Churchill Livingstone, 1999.

ROBINSON, Lynne; THOMSON, Gordon. *Body control the Pilates way*. London: Boxtree, 1997.

SEARLE, Sally; MEEUS, Cathy. *Secrets of Pilates*. New York: DK Publishing Inc., 2001.

UNGARO, Alycea. *Pilates body in motion*. New York: DK Publishing Inc., 2002.

SILER, Brooke. *The Pilates Body*. New York: Broadway Books, 2000.

STOTT-MERRITHEW, Moira; EVANS, Beth. *Comprchensive matework manual*. Toronto: Merrithew Corporation, 2001.

WINSOR, Mari. *The Pilates powerhouse*. Cambridge, Mass.: Perseus Books, 1999.

ZAKE, Yamuna; GOLDEN, Stephanie. *Body rolling*: an approach to complete muscle release. Rochester, Vt.: Healing Arts Press, 1997.